MICHELE DELLA VALLE

BILANCIO PER INDICI A COLORI

Guida per Capire e Imparare l'Analisi di Bilancio per Indici con il Metodo a Colori A.B.C.

Titolo

"BILANCIO PER INDICI A COLORI"

Autore

Michele Della Valle

Editore

Bruno Editore

Sito internet

http://www.brunoeditore.it

Sommario

Introduzione

Gli imprenditori, i manager, i consulenti ecc. devono prendere quotidianamente delle decisioni. Decidere significa scegliere fra diverse possibilità, quindi arrivare ad una conclusione.

Nella cassetta degli attrezzi degli addetti ai lavori ci sono vari strumenti per arrivare ad una scelta. In questo corso utilizzeremo l'analisi di bilancio per indici. Per l'analista, ossia chi predispone l'analisi di bilancio, è la propria attività. Però, questo corso è rivolto ai non esperti della materia, i cosiddetti **non specialisti**, i quali potranno capire e imparare allegramente questa materia. E forse, questo è il mio auspicio, appassionarsi a tal punto che potrebbe diventare il loro lavoro.

Il metodo che utilizzeremo in questo corso è l'Accounting Balance sheet P&L Colors ®.

Il predetto metodo ci accompagnerà, come una guida turistica, nel meraviglioso viaggio di esplorazione del mondo dell'"analisi di bilancio".

«Il vero viaggio di scoperta non consiste nello scoprire nuove terre, ma nell'avere nuovi occhi» *(Marcel Proust)*.

Gli argomenti saranno trattati con un nuovo procedimento di apprendimento (frutto della mia esperienza nei corsi di formazione che conduco e di professionista) semplice, sintetico e simpatico. In altri termini utilizzerò anche i colori.

Nei miei corsi quando qualcuno mi chiede qual è l'utilità dei colori nella formazione, rispondo: «Deliziano l'occhio e appagano la sete di conoscenza della mente».

L'obiettivo del corso è quello di acquisire le competenze di base per riclassificare il conto economico e lo stato patrimoniale, ottenere i principali indici e i margini, infine rappresentare le informazioni ottenute con dei fogli di excel free.

Tutti possono raggiungere il predetto traguardo, con l'analisi di bilancio a colori per tutti.

CAPITOLO 1:

Come attribuire i colori all'analisi del bilancio

L'analisi del bilancio per indici in bianco e nero

L'analisi del bilancio d'esercizio è un processo che, con una nuova classificazione del bilancio d'esercizio, permette all'analista di esprimere un giudizio sull'equilibrio economico, finanziario e patrimoniale dell'azienda presa in esame.

Equilibrio economico: consiste nel verificare la capacità o meno dell'azienda di remunerare i fattori produttivi. Questo si verifica quando i ricavi sono maggiori dei costi e rimane un utile tale da remunerare anche il capitale (ossia i soci).

RICAVI	>	COSTI	=	UTILE

SEGRETO n. 1: c'è equilibrio economico quando i ricavi sono maggiori dei costi e rimane un utile tale da remunerare anche il capitale (ossia i soci).

Equilibrio finanziario: si intende la disposizione o meno dell'azienda a fronteggiare le uscite (acquisizione di fattori produttivi ecc.) con le entrate (cessione dei beni e prestazioni di servizi ecc.).

SEGRETO n. 2: c'è equilibrio finanziario quando le entrate sono maggiori delle uscite.

Equilibrio patrimoniale: consiste nel conservare o sviluppare nell'azienda il patrimonio, il quale, in linea generale, può essere sintetizzato dalla seguente equazione:

$$\text{ATTIVITA'} = \text{PASSIVITA} + \text{PATRIMONIO NETTO}$$

SEGRETO n. 3: c'è equilibrio patrimoniale quando l'azienda riesce a conservare o sviluppare il suo patrimonio.

Equilibrio aziendale: si ottiene quando si realizzano l'equilibrio economico, finanziario e patrimoniale, i quali sono importantissimi per il perdurare dell'impresa.

Gli obiettivi da raggiungere con l'analisi del bilancio d'esercizio sono, ad esempio, fissati dal management, dai soci, dalla banca, dall'azionista, dai clienti, dai fornitori ecc., i quali presteranno la loro attenzione sulla redditività, la liquidità e il patrimonio. Infatti, il management otterrà delle informazioni sintetiche sulla loro gestione, il socio guarderà se il suo investimento è remunerativo o meno, il responsabile dei fidi della banca può valutare se e quanto credito accordare ad un'azienda cliente ecc.

I predetti obiettivi possono essere raggiunti con due strumenti: l'analisi per indici e per flussi. In questo corso ci occuperemo solo dell'analisi per indici.

SEGRETO n. 4: gli obiettivi da raggiungere con l'analisi per indici sono, ad esempio, la redditività, la liquidità e il patrimonio.

Con indice si intende il rapporto fra i valori numerici di due grandezze (o dati), una al numeratore e una al denominatore. Indica, come quando utilizziamo il nostro dito indice della mano, in quale direzione si sta muovendo l'impresa rispetto al passato (analisi storica), al futuro (analisi prospettica) e ai nostri competitors (analisi di posizione).

SEGRETO n. 5: con indice si intende il rapporto fra i valori numerici di due grandezze (o dati), una al numeratore e una al denominatore. Indica, come quando utilizziamo il nostro dito indice della mano, in quale direzione si sta muovendo l'impresa.

L'analista, prima di analizzare il bilancio, deve preliminarmente capire le sue poste (classi, sottoclassi e voci). Per non ripetermi, vi rimando a quello che abbiamo visto nei corsi *La Contabilità a Colori* e *Il Bilancio a Colori*. Successivamente deve verificare l'attendibilità o meno (ad esempio errori, manipolazioni contabili ecc.) dei dati da sottoporre ad analisi. A questo punto, effettua una nuova classificazione dei dati dello Stato patrimoniale e del Conto economico.

Lo stato patrimoniale è riclassificato secondo il criterio finanziario:

STATO PATRIMONIALE SINTETICO	N		N-1		N-2	
Descrizione Voci	Totali	%	Totali	%	Totali	%
IMPIEGHI						
ATTIVO CORRENTE						
Disponibilità liquide	0,00		0,00		0,00	
Disponibilità finanziarie	0,00		0,00		0,00	
Rimanenze	0,00		0,00		0,00	
ATTIVO IMMOBILIZZATO						
Immobilizzazioni immateriali	0,00		0,00		0,00	
Immobilizzazioni materiali	0,00		0,00		0,00	
Immobilizzazioni finanziarie	0,00		0,00		0,00	
FONTI DI FINANZIAMENTO						
Debiti a breve scadenza	0,00		0,00		0,00	
Debiti a M/L scadenza	0,00		0,00		0,00	
TOTALE CAPITALE DI DEBITO	0,00		0,00		0,00	
PATRIMONIO NETTO	0,00		0,00		0,00	

Il conto economico può essere riclassificato, ad esempio, a Valore aggiunto oppure a Ricavi e costi del venduto. In sintesi:

	CONTO ECONOMICO A VALORE AGGIUNTO SINTETICO					
	Descrizione Voci					
A	Ricavi netti di vendita					
B	Costi patrimonializzati per lavori interni					
C	+/- Var. riman.,di prodotti finiti, semi., prodotti in lav., lavori in corso su ordin.					
D	Altri ricavi e proventi della gestione					
A+B+/-C+D=E	VALORE DELLA PRODUZIONE					
F	Costi netti per l'acquisto di materie prime, sussidiarie e merci					
G	+/- Variazione delle rimanenze di materie prime, sussidiarie, di consumo e merci					
H	Costi per servizi di godimento di beni di terzi					
I	Altri costi diversi di gestione					
E-F+/-G-H-I=L	VALORE AGGIUNTO					
M	Costi del personale					
L-M=N	MARGINE OPERATIVO LORDO					
O	Ammortamenti					
P	Svalutazione crediti					
Q	Accantonamento Fondi rischi e oneri					
N-O-P-Q=R	REDDITO OPERATIVO					
S	RISULTATO DELLA GESTIONE FINANZIARIA					
T	RISULTATO DELLA GESIONE ACCESSORIA					
R+/-S+/-T=U	RISULTATO ECONOMICO DELLA GESTIONE ORDINARIA					
V	RISULTATO DELLA GEST. STRAODINARIA					
U+/-V=X	RISULTATO AL LORDO DELLE IMPOSTE					
Y	Imposte dell'esercizio					
X-Y=Z	UTILE (PERDITA) D'ESERCIZIO					

	CONTO ECONOMICO A RICAVI E COSTO DEL VENDUTO SINTETICO			
	Descrizione Voci			
A	RICAVI NETTI DI VENDITA			
B	COSTO DEL VENDUTO			
A-B=C	MARGINE LORDO INDUSTRIALE			
D	COSTI COMMERCIALI			
E	COSTI DI AMMINISTRAZIONE			
F	ALTRI RICAVI E PROVENTI DIVERSI			
C-D-E+F=G	REDDITO OPERATIVO			
H	RISULTATO DELLA GESTIONE FINANZIARIA			
I	RISULTATO DELLA GESIONE ACCESSORIA			
G +/-H+/-I=L	RISULTATO ECONOMICO DELLA GESTIONE ORDINARIA			
M	RISULTATO DELLA GEST. STRAODINARIA			
L+/-M=N	RISULTATO AL LORDO DELLE IMPOSTE			
O	IMPOSTE DELL'ESERCIZIO			
N - O =P	UTILE (PERDITA) D'ESERCIZIO			

Infine, si predispongono ed interpretano gli indici della

redditività, finanziari, patrimoniali ecc.

I colori primari, secondari, associazioni e collegamenti

Analisi di bilancio: fino a ieri in bianco e nero, da oggi vediamo come applicare i colori. Nei miei corsi propongo il mio metodo in tre fasi. Nella prima fase definisco i colori primari e secondari, nella seconda fase le associazioni, infine il collegamento con l'analisi di bilancio.

Colori primari e secondari:

Colori		primari			secondari
Giallo					
Rosso					
Blu					
Giallo + Rosso		+		=	
Rosso + Blu		+		=	
Blu + Giallo		+		=	

Associazioni secondo il mio modesto parere:

	Colori	Associazioni	
Blu		Sicurezza	E' colore del cielo, delle macchine della polizia...
Arancio		Attenzione	E' il colore di un semaforo lampeggiante...
Rosso		Pericolo	E' il colore di un incendio, dei segnali stradali a forma di triangolo con il vertice verso l'alto e il bordo rosso.
Verde		Speranza	E' il colore di un prato, di un semaforo verde.
Giallo		Gioia	E' il colore del Sole, vi sarà capitato di sentir dire a una persona: «Oggi ti vedo solare».
Viola		Rimorso	E' il colore di una viola. Una leggenda greca racconta che un giorno, un mortale offese Dioniso il quale, infuriato, disse che si sarebbe vendicato sulla prima persona che avrebbe incontrato, facendola divorare dalle sue tigri. La prima persona che incontrò fu la ninfa Ametista. Allora Artemide, la dea che proteggeva la fanciulla, la trasformò in una statua di quarzo per non farla divorare dalle tigri di Dioniso. In seguito, Dioniso vide la bellissima Ametista trasformata in statua e pianse delle lacrime di vino per il rimorso delle sue azioni. Le lacrime, cadendo, colorarono Ametista di viola.

Adesso vediamo i collegamenti con l'analisi di bilancio.

Colore giallo: uno degli indici che permette l'analisi dell'equilibrio economico, è quello del rapporto tra l'utile netto dell'esercizio e il capitale proprio (capitale sociale + riserve). Questo indice segnala la capacità o meno dell'azienda di remunerare i soci che portano il capitale di rischio (ossia dei soci). Se il risultato fosse 10%, significa che ogni € 100,00 di capitale proprio si hanno € 10,00 di utile netto d'esercizio (redditività di € 10,00). Quindi, confrontando il predetto risultato con investimenti alternativi, possiamo dire che i soci hanno investito bene i loro soldi. Prendiamo, ad esempio, il colore giallo. È quello del sole al quale possiamo associare la gioia. Il collegamento con la nostra analisi si verifica quando l'azienda ha un incremento del patrimonio netto (capitale sociale, riserve, utile d'esercizio) per effetto della gestione, ad esempio, gli imprenditori, quando nella loro azienda c'è un "utile dell'esercizio" sono "solari" e gioiosi. L'utile dell'esercizio, il capitale proprio (capitale sociale e riserve) saranno rappresentati con il colore giallo. Quindi, il risultato ottenuto dal predetto indice 10% sarà rappresentato con il colore giallo (gioia).

ROE =	Utile netto dell'esercizio x 100	= 10%
(return on equity)	Capitale proprio	

Colore viola: riprendiamo l'indice che abbiamo visto prima, ossia il ROE. Se il risultato fosse negativo, significa che si è verificato un decremento del patrimonio netto per effetto della gestione, ossia c'è una "perdita di esercizio". In questo caso l'imprenditore ha investito dei soldi e li ha persi. Quindi, ha fatto qualcosa di cui poi si è pentito. In altri termini, sente il rimorso per avere investito dei soldi che poi ha perso. Quindi, il risultato ottenuto dal predetto indice, ad esempio, -1% sarà rappresentato con il colore viola (rimorso).

ROE =	Perdita dell'esercizio x 100	= - 1%
(return on equity)	Capitale proprio	

Colore verde: un indice che mette in evidenza la produttività del lavoro lo si ottiene dal rapporto tra i "Ricavi di vendita" e il "Numero dei dipendenti". Il collegamento con l'analisi del bilancio lo possiamo avere con i "Ricavi di vendita". Il vero imprenditore è ottimista e spera che nel futuro otterrà ricavi dalle vendite sempre maggiori. Quindi, il risultato del seguente indice sarà rappresentato con il colore verde (speranza).

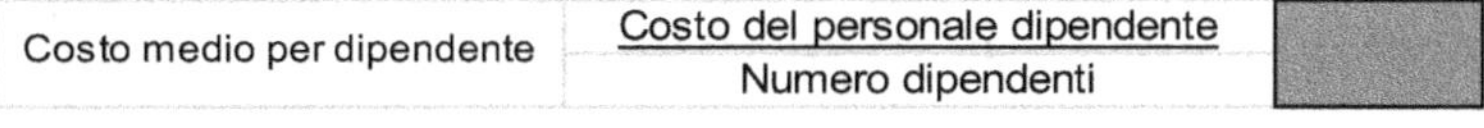

Colore rosso: un indice che mette in evidenza il costo medio per dipendente si ottiene dal rapporto tra "Costo del personale dipendente" e "Numero dipendenti". Il collegamento con l'analisi del bilancio si verifica con il "Costo del personale dipendente" . Il predetto fatto di gestione genera dei costi e quindi, se non gestito correttamente, potrebbe essere pericoloso per la situazione economica dell'impresa. Quindi, il risultato del seguente indice sarà rappresentato con il colore rosso (pericolo).

Colore arancio (ambra): un indice che mette in evidenza l'incidenza dei debiti a breve termine si ottiene dal rapporto tra

"Debiti a breve scadenza" e "Totale impieghi". Il collegamento con l'analisi del bilancio c'è con l'aggregato "Debiti a breve scadenza" (composto dai debiti verso fornitori, cambiali passive ecc.). In questo caso l'imprenditore deve stare attento perché questo aggregato di debiti a breve termine potrebbe pregiudicare la situazione finanziaria e patrimoniale. Quindi, il risultato del seguente indice sarà rappresentato con il colore arancio (attenzione).

| Incidenza debiti a breve termine | $\dfrac{\text{Debiti a breve scadenza} \times 100}{\text{Totale impieghi}}$ | |

Colore blu: un indice che mette in evidenza l'elasticità degli impieghi si ottiene dal rapporto tra "Attivo corrente" e "Totale impieghi". L'attivo corrente è un aggregato composto dai crediti verso clienti, denaro contante, banca xy c/c ecc. che si elabora durante l'analisi di bilancio. Questo indice tanto più si avvicina a 100 (massima elasticità) quanto più aumenta la nostra sicurezza dal punto di vista della situazione finanziaria e patrimoniale dell'impresa. Quindi il risultato del seguente indice sarà rappresentato con il colore blu (sicurezza).

| Elasticità degli impieghi | $\dfrac{\text{Attivo corrente} \times 100}{\text{Totale impieghi}}$ | |

I conti dell'analisi del bilancio a colori e la loro classificazione

I conti che utilizzeremo nell'analisi del bilancio sono gli stessi di quelli che abbiamo visto nel corso *Il Bilancio a Colori*. Sono suddivisi in finanziari ed economici. Questa suddivisione ci sarà utile per capire i vari elementi/aggregati del conto economico e dello stato patrimoniale e i relativi indici. I colori che utilizzerò sono il blu, l'arancio, il rosso, il verde, il giallo e il viola.

In sintesi:

Conti	Colore
Finanziari	Blu o arancio
Economici di reddito	Rosso o verde
Economici di patrimonio netto	Viola e giallo

La tabelle n. 1, 2 e 3 riepilogano le tabelle di classificazione dei conti.

Le regole di registrazione dei conti

Utilizzeremo le *Regole di registrazione dei conti* della tabella n. 4, che ovviamente sono le stesse che ho utilizzato nell'ebook *Il Bilancio a Colori*.

Variazione Blu: per le entrate di cassa, per gli aumenti dei crediti e per le diminuzioni dei debiti.

Variazione Arancio: per le uscite di cassa, per la diminuzione dei crediti e per gli aumenti dei debiti.

Variazione Rossa: per i costi e le rettifiche di ricavi.

Variazione Verde: per i ricavi e per le rettifiche dei costi.

Variazione Viola: per le diminuzioni di patrimonio netto.

Variazione Gialla: per gli aumenti di patrimonio netto.

Alla fine di ogni capitolo è opportuno compilare i quiz che troverete alla fine dell'ebook. Questo permetterà un'autovalutazione del proprio livello di apprendimento. Le soluzioni dei quiz possono essere annotate nella *Tabella quiz n. 5, soluzioni scelte e punti.* Le soluzioni corrette le troverete nella *Tabella quiz n. 6, soluzioni esatte.*

Se il vostro obiettivo è quello di apprendere l'analisi di bilancio, vi propongo il metodo dell'Accounting **B**alance sheet P&L Colors ®. Fissato il punto di arrivo o obiettivo "B" e la posizione di partenza che chiameremo "A", non vi resta che agire, perché solo con l'azione ci si può avvicinare all'obiettivo. Per procedere occorrono gioia nell'affrontare i vari argomenti, sicurezza nelle proprie capacità, passione, ma soprattutto tanta buona volontà!

«C'è una forza motrice più forte del vapore, dell'elettricità e dell'energia atomica: la volontà» *(Albert Einstein)*.

Queste sono le condizioni necessarie per ottenere dei risultati nell'analisi di bilancio per indici. In conclusione segui i colori: indicano la strada giusta da seguire!

RIEPILOGO DEL GIORNO 1:

- SEGRETO n. 1: C'è equilibrio economico quando i ricavi sono maggiori dei costi e rimane un utile tale da remunerare anche il capitale (ossia i soci).

- SEGRETO n. 2: C'è equilibrio finanziario quando le entrate sono maggiori delle uscite.

- SEGRETO n. 3: C'è equilibrio patrimoniale quando l'azienda riesce a conservare o sviluppare il suo patrimonio.

- SEGRETO n. 4: Gli obiettivi da raggiungere con l'analisi per indici sono, ad esempio, la redditività, la liquidità e il patrimonio.

- SEGRETO n. 5: Con indice si intende il rapporto fra i valori numerici di due grandezze (o dati), una al numeratore e una al denominatore. Indica, come quando utilizziamo il nostro dito indice della mano, in quale direzione si sta muovendo l'impresa.

CAPITOLO 2:

Come riclassificare il conto economico a valore aggiunto

Una nuova immagine del conto economico

Il conto economico previsto dal codice civile art. 2425 deve essere redatto in base ad uno schema ben preciso, che troverete nel corso *Il Bilancio a Colori*. Il predetto schema non soddisfa le esigenze informative dell'analista. Quindi, in questo capitolo procederemo a una nuova classificazione delle poste del conto economico con lo schema a valore aggiunto.

Il conto economico a valore aggiunto, con un po' di fantasia, può essere paragonato a una cascata (Profit and Loss waterfall). La fonte dell'acqua è il "Valore della produzione". L'acqua sarà fermata dalle varie pozze, "costi netti per l'acquisto di materie prime, sussidiarie e merci ecc.". Alla fine della cascata, l'acqua eventualmente rimasta, sarà l'utile dell'esercizio; in caso contrario avremo una perdita dell'esercizio.

Rappresentazione del conto economico a valore aggiunto a colori:

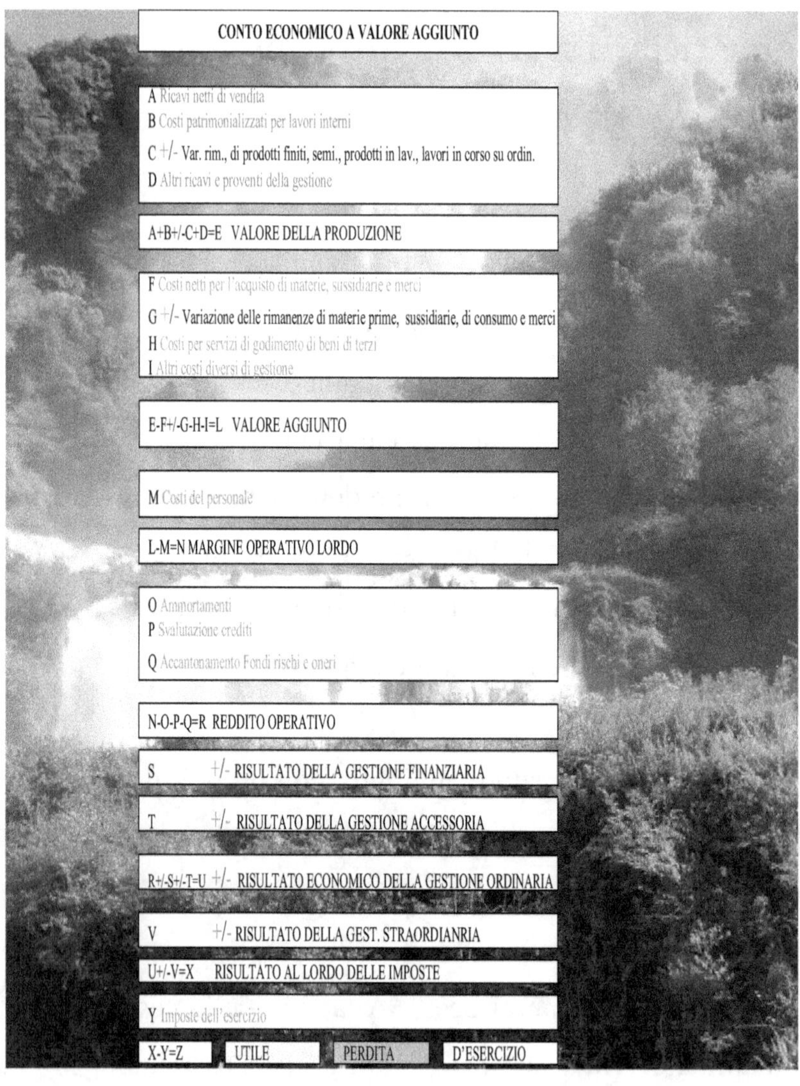

23

Osservate attentamente il conto economico a valore aggiunto e successivamente provate a disegnarlo a mano, con il computer ecc. Fatto? Bene!

Adesso vediamo il conto economico a valore aggiunto in forma analitica (a titolo esemplificativo). Più precisamente, analizzeremo nella nostra cascata le varie poste e i margini, i risultati intermedi, al fine di capire cosa sono, come si ottengono e la loro utilità.

CLASSI, SOTTOCLASSI E VOCI	DESCRIZIONE
A) Ricavi netti di vendita: + Prodotti c/vendite + Merci c/vendite + Lavorazioni c/terzi + Rimborsi costi di vendita - Resi su vendite - Ribassi e abbuoni passivi - Premi su vendite	I ricavi netti includono la somma di denaro che si ricava dalla vendita dei prodotti finiti, dalle merci ecc. al netto di eventuali resi, ribassi, abbuoni e premi.
B) Costi patrimonializzati per lavori interni: + Costruzioni interne + Costi di ricerca e sviluppo Rinviati	I costi patrimonializzati per lavori interni comprendono i costi sostenuti per la realizzazione delle immobilizzazioni all'interno dell'impresa.
C) +/- variazione delle rimanenze di prodotti finiti, semilavorati, prodotti in lavorazione, lavori in corso su ordinazione: + Prodotti c/rimanenze Finali + Semilavorati c/rimanenze Finali + Prodotti in lavorazione c/rimanenze Fin. - Prodotti c/esistenze Iniziali - Semilavorati c/esistenze iniziali - Prodotti in lavorazione c/esistenze iniziali	La variazione si ottiene dalla differenza tra il valore delle rimanenze finali e quello delle rimanenze iniziali.
D) + altri ricavi e proventi di gestione: + Plusvalenze ordinarie + Sopravvenienze attive + Arrotondamenti attivi + Risarcimento danni + Contributi in conto esercizio	Altri ricavi e proventi della gestione, inclusi i ricavi residuali dell'attività tipica dell'impresa.
A+B+/-C+D=E) **VALORE DELLA PRODUZIONE**	Il valore della produzione è il risultato dell'attività produttiva dell'azienda (es. della trasformazione delle materie prime in prodotti finiti). In altri termini è la **ricchezza** prodotta (o capacità produttiva).

SEGRETO n. 6: il valore della produzione è il risultato dell'attività produttiva dell'azienda. In altri termini è la ricchezza prodotta.

F) Costi netti per l'acquisto di materie prime, sussidiarie e merci: + Materie prime c/acquisti + Materie sussidiarie c/acquisti + Materie di cons. c/acquisti + Merci c/acquisti - Resi su acquisti - Ribassi e abbuoni attivi - Premi su acquisti ecc.	Nei costi netti per l'acquisto di materie prime, sussidiarie e merci, si annoverano i costi sostenuti per realizzare la produzione e/o il commercio dei beni rientranti nell'attività tipica dell'impresa.
G) +/- variazione delle rimanenze di materie prime, sussidiarie di consumo e merci: + Materie prime c/esistenze iniziali + Materie sussidiarie c/esistenze iniziali + Materie di consumo c/esistenze iniziali + Merci c/esistenze iniziali - Materie prime c/ rimanenze Finali - Materie sussidiarie C/rimanenze finali - Materie di cons. c/ rimanenze Finali - Merci c/rimanenze finali	La variazione delle rimanenze di materie prime, sussidiarie di consumo e merci è la differenza tra il valore delle rimanenze iniziali e finali.
H) Costi per servizi e per godimento beni di terzi: + Costi di trasporto + Costo per energia + Pubblicità + Consulenze + costi postali + Costi telefonici + Assicurazioni + Costi di vigilanza + Costi per i locali + Manutenzioni e riparazioni + Provvigioni passive + Costi d'incasso + Oneri di factoring + Lavorazioni presso terzi + Costi bancari + Competenze amministratori + Competenze sindaci + Competenze Società di revisione + Fitti passivi (strumentali) + Canoni di leasing	Costi per servizi e per godimento beni di terzi: comprendono i servizi ricevuti da terzi che rientrano in una prestazione di fare e il godimento di beni di terzi che non sono di proprietà dell'impresa. In altri termini sono i costi esterni.
I) Altri costi diversi di gestione: + Imposte e tasse deducibili + Accantonamenti Rischi e tasse + Oneri vari + Perdite su crediti + Arrotondamenti passivi + Minusvalenze ordinarie + Sopravvenienze passive ordinarie	Negli altri costi diversi di gestione, sono inseriti i costi residuali dell'attività tipica dell'impresa.

SEGRETO n. 7: il valore aggiunto si ottiene dalla differenza tra il valore della produzione e i beni e servizi provenienti dalle altre imprese che sono consumati nel periodo preso in esame.

| M) Costi del personale:
+ Salari e stipendi
+ Oneri sociali
+ TFRL | È uno dei fattori produttivi remunerati dal valore aggiunto. |
| L-M=N) MARGINE OPERATIVO LORDO | Margine operativo lordo (MOL), si ottiene dalla differenza tra il Valore Aggiunto (L) e i costi del personale (M). EBITDA, con terminologia anglosassone, earning before interest and taxes depreciation and amortization.
Misura pressappoco l'autofinanziamento lordo che l'impresa è in grado di generare (o flusso di cassa della gestione tipica). |

SEGRETO n. 8: margine operativo lordo (MOL), si ottiene dalla differenza tra il Valore Aggiunto e i costi del personale.

O) Ammortamenti: + Ammortamenti Immobilizzazioni Immateriali (tutti) + Ammortamenti Immobilizzazioni Materiali (tutti)	Negli ammortamenti sono inserite le quote dei costi pluriennali che partecipano alla formazione del reddito dell'esercizio. In altri termini sono le quote dei costi pluriennali (costi non monetari) remunerati (o meno) dal MOL.
P) Svalutazione crediti: + Svalutazione crediti	Nella svalutazione crediti troviamo la svalutazione del valore nominale dei crediti iscritti nell'attivo circolante dello stato patrimoniale (costi non monetari). Remunerati (o meno) dal MOL.

SEGRETO n. 9: il reddito operativo è importante perché mostra il risultato della gestione caratteristica.

S) +/- risultato della gestione finanziaria: + Interessi attivi v/clienti + interessi attivi bancari - Interessi passivi v/fornitori - Interessi passivi bancari - Sconti passivi bancari - Ammortamento disaggio su prestiti	Risultato della **gestione finanziaria**, comprende gli oneri e i proventi derivanti dalle scelte aziendali rivolte a reperire e/o ad impiegare le risorse finanziarie dell'impresa. È remunerata (o meno) dal'EBIT.
T) +/- risultato della gestione accessoria: + Fitti attivi immobili non strumentali (se non è una società immobiliare) + Utile da speculazione in titoli (se non è una società finanziaria) + Dividendi su partecipazioni azionarie (se non è una società finanziaria) - Costi di gestione e manutenzione di immobili non strumentali - Perdite di speculazione in titoli	Il risultato della **gestione accessoria**, accoglie i fatti della gestione che non rientrano nell'attività tipica (in altri termini nell'oggetto sociale) dell'impresa. Più precisamente tutte le operazioni che fanno parte della gestione ordinaria ma che non rientrano nella gestione caratteristica e in quella finanziaria. Si riferisce in sostanza a operazioni residuali rispetto alle predette gestioni (OIC n. 12). È remunerata (o meno) dal'EBIT.
R+/-S+/-T=U) RISULTATO ECONOMICO DELLA GESTIONE ORDINARIA	
V) +/- risultato della gestione straordinaria: Minusvalenze e sopravvenienze di immobili adibiti a uso di civile abitazione	Il risultato della **gestione straordinaria**, include tutti quei fatti di gestione estranei all'attività ordinaria. È remunerata (o meno) dal'EBIT.
U+/-V=X) RISULTATO AL LORDO DELLE IMPOSTE	
Y) Imposte dell'esercizio: Irap e Ires	Le imposte dell'esercizio comprendono le imposte correnti, differite e anticipate, ad esempio, l'Ires (imposta sul reddito delle società) e l'Irap (imposta regionale sulle attività produttive). L'amministrazione finanziaria dello Stato è remunerata dal'EBIT.

Il conto economico a valore aggiunto classifica i conti per **natura**, ossia in base alla causa che ha determinato il costo (es. merci c/acquisti) o il ricavo (es. merci c/vendite), come nel bilancio civilistico, quindi può essere utilizzato anche dagli analisti esterni (banche ecc.); mostra come il valore aggiunto è distribuito tra vari stakeholders (ad esempio, i soci, lo stato, i finanziatori, i dipendenti ecc.); può essere utilizzato nell'analisi delle ristrutturazioni industriali; calcola il Margine operativo lordo, che approssimativamente è il flusso di cassa della gestione tipica (o operativa) ecc.

SEGRETO n. 10: il conto economico a valore aggiunto classifica i conti per natura, quindi può essere utilizzato anche dagli analisti esterni.

Una volta che abbiamo ottenuto la configurazione a valore aggiunto, per estrapolare delle informazioni, occorre passare dai valori assoluti a quelli relativi, ossia occorre percentualizzare i dati.

Più precisamente, percentualizzerò le varie poste, rispetto al valore aggiunto (è la base pari al 100%) se voglio vedere come lo stesso è distribuito tra i vari portatori di interessi, rispetto al valore della produzione (è la base pari al 100%) se voglio avere delle informazioni in merito a quanta parte del valore della produzione è imputabile all'attività svolta internamente.

Esempio n. 1: valore della produzione posto pari a 100.

CONTO ECONOMICO A VALORE AGGIUNTO

	Descrizione Voci	%
A	RICAVI NETTI DI VENDITA	
B	COSTI PATRIMONIALIZZATI PER LAVORI INTERNI	
C	+/- VARIAZIONE DELLE RIMANEN. DI PRODOTTI FINITI,SEMILAVOR., PRODOTTI IN LAVORAZIONE, LAVORI IN CORSO SU ORDINAZ.	
D	ALTRI RICAVI E PROVENTI DI GESTIONE	
A+B +/-C+D=E	VALORE DELLA PRODUZIONE	100,00%
F	COSTI NETTI PER L'ACQUISTO DI MATERIE PRIME, SUSSIDIARIE E MERCI	57,41%
G	+/- VARIAZIONE DELLE RIMANENZE DI MATERIE PRIME, SUSSIDIARIE, DI CONSUMO E MERCI	-0,46%
H	COSTI PER SERVIZI E GODIMENTO DI BENI DI TERZI	7,12%
I	ALTRI COSTI DIVERSI DI GESTIONE	0,36%
E-F+/-G -H-I=L	VALORE AGGIUNTO	35,57%
M	COSTI DEL PERSONALE	19,93%
L-M=N	MARGINE OPERATIVO LORDO	15,64%
O	AMMORTAMENTI	8,00%
P	SVALUTAZIONE CREDITI	0,33%
Q	ACC. FONDI RISCHI E ONERI	0,00%
N-O-P-Q=R	REDDITO OPERATIVO	7,31%
S	RISULTATO DELLA GESTIONE FINANZIARIA	0,73%
T	RISULTATO DELLA GESIONE ACCESSORIA	0,00%
R+/-S +/-T=U	RISULTATO ECONOMICO DELLA GESTIONE ORDINARIA	8,04%
V	RISULTATO DELLA GEST. STRAODINARIA	0,00%
U+/-V=X	RISULTATO AL LORDO DELLE IMPOSTE	8,04%
Y	IMPOSTE DELL'ESERCIZIO	3,68%
X-Y=Z	UTILE (PERDITA) D'ESERCIZIO	4,36%

In questo capitolo abbiamo visto quali informazioni possiamo ottenere dalla configurazione del conto economico a valore aggiunto.

A questo punto siamo pronti per ottenere altre informazioni.

Come si è originato il risultato economico? Come hanno contribuito le varie funzioni (produttiva, commerciale, amministrativa) alla formazione del reddito? Nel prossimo capitolo vedremo i predetti argomenti.

RIEPILOGO DEL GIORNO 2:

- SEGRETO n. 6: Il valore della produzione è il risultato dell'attività produttiva dell'azienda. In altri termini è la ricchezza prodotta.

- SEGRETO n. 7: Il valore aggiunto si ottiene dalla differenza tra il valore della produzione e i beni e servizi provenienti dalle altre imprese che sono consumati nel periodo preso in esame. SEGRETO n. 8: margine operativo lordo (MOL), si ottiene dalla differenza tra il Valore Aggiunto e i costi del personale.

- SEGRETO n. 9: Il reddito operativo è importante perché mostra il risultato della gestione caratteristica.

- SEGRETO n. 10: Il conto economico a valore aggiunto classifica i conti per natura, quindi può essere utilizzato anche dagli analisti esterni.

CAPITOLO 3:

Come riclassificare il conto economico
a costo del venduto

Il conto economico a ricavi e costo del venduto

Nel conto economico a ricavi e costo del venduto i costi sono classificati in base alla funzione produttiva, commerciale e amministrativa, ossia per destinazione (mentre nella configurazione a valore aggiunto, vista nel capitolo precedente, la classificazione era per natura). Per realizzare il predetto obiettivo, occorrono numerose informazioni, disponibili al personale interno all'azienda, quindi uno strumento utilizzabile solo dall'analista interno.

SEGRETO n. 11: nel conto economico a ricavi e costo del venduto i costi sono classificati in base alla funzione produttiva, commerciale e amministrativa, ossia per destinazione.

In questo capitolo tratteremo il conto economico a ricavi e costo del venduto di un'impresa industriale. Inoltre, con gli opportuni adattamenti può essere utilizzato anche dalle imprese commerciali e di servizi.

Rappresentazione del conto economico a ricavi e costo del venduto a colori:

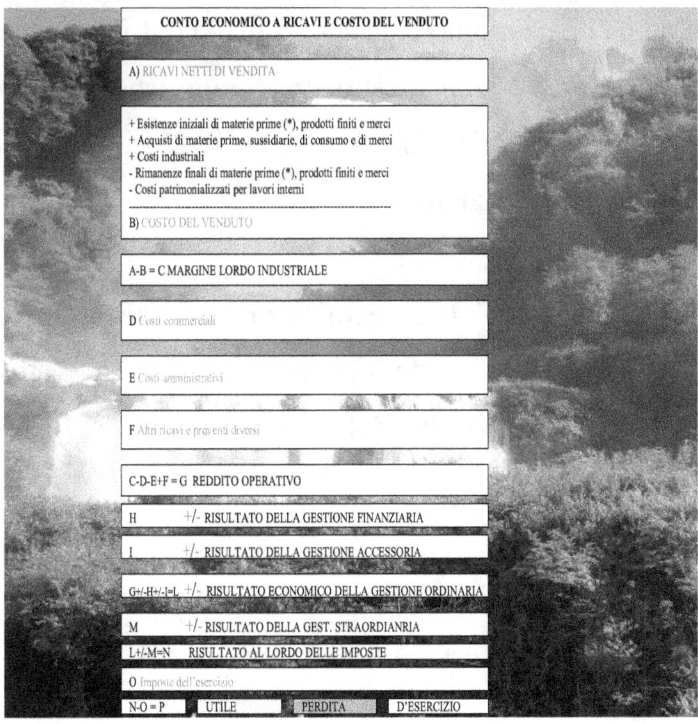

(*) Materie sussidiarie, di consumo, i prodotti in lavorazione e i semilavorati.

I ricavi netti di vendita sono la fonte dell'acqua, la quale si fermerà nelle varie pozze, ossia i costi industriali (o produttivi), commerciali e amministrativi (o funzioni) ecc. fino ad arrivare al risultato economico dell'esercizio.

La peculiarità di questo tipo di configurazione del conto economico è che possiamo concentrarci sul contributo delle varie funzioni e/o aree della gestione (caratteristica, finanziaria, straordinaria e tributaria). L'obiettivo è quello di esprimere un giudizio sulle varie funzioni.

SEGRETO n. 12: la peculiarità di questo tipo di configurazione del conto economico è che possiamo concentrarci sul contributo delle varie funzioni e/o aree della gestione.

Adesso analizziamo il conto economico a ricavi e costo del venduto in forma analitica (a titolo esemplificativo):

CLASSI, SOTTOCLASSI E VOCI	DESCRIZIONE
A) RICAVI NETTI DI VENDITA	I ricavi netti includono il valore venduto dei prodotti finiti, delle merci ecc. al netto di eventuali resi, ribassi, abbuoni e premi. In altri termini è il fatturato (ossia la capacità commerciale).
B) COSTO DEL VENDUTO	Si ottiene come segue: + Esistenze iniziali di materie prime, sussidiarie, di consumo, di merci, di prodotti in lavorazione, di semilavorati, e di prodotti finiti + Acquisti di materie prime, sussidiarie, di consumo e di merci + Costi industriali (es. personale di fabbrica, ammortamenti industriali) - Rimanenze finali di materie prime, sussidiarie, di consumo, di merci, di prodotti in lavorazione, di semilavorati e di prodotti finiti - Costi patrimonializzati per lavori interni È la somma algebrica dei predetti componenti di reddito che hanno come peculiarità di rientrare nella funzione produttiva (nelle imprese industriali). In conclusione è il costo sostenuto per i prodotti finiti che ho venduto.
A-B= C MARGINE LORDO INDUSTRIALE	Si ottiene dalla differenza tra ricavi netti di vendita (A) e costo del venduto (B). È l'utile lordo industriale (o redditività). Inoltre, misura quanto residua per la copertura degli altri costi commerciali ecc.

SEGRETO n. 13: il margine lordo industriale, si ottiene dalla differenza tra ricavi netti di vendita (A) e costo del venduto (B).

D Costi commerciali	Nei costi commerciali rientrano tutte le spese attinenti all'attività di vendita (ad esempio, provvigioni passive venditori, costi di trasporto venditori, stipendi e contributi dipendenti addetti alla vendita e al marketing, ammortamenti immobilizzazioni locali adibiti alla vendita ecc.).

SEGRETO n. 14: . nei costi commerciali rientrano tutte le spese attinenti all'attività di vendita (ad esempio ecc.).

E Costi Amministrativi	Nei costi amministrativi sono comprese tutte le spese attinenti all'attività amministrativa (ad esempio, ammortamenti immobilizzazioni locali, computer, arredamenti, salari e contributi degli impiegati ecc.).

SEGRETO n. 15: nei costi amministrativi rientrano tutte le spese attinenti all'attività amministrativa (ad esempio, ammortamenti immobilizzazioni locali, computer, arredamenti ecc.).

F Altri ricavi e proventi diversi	
C- D-E+F=G REDDITO OPERATIVO	Reddito operativo, acronimo EBIT earning before interest and taxes. È il reddito prima degli interessi e delle tasse. È importante perché mostra il risultato della **gestione caratteristica** (o tipica, operativa, *core business*). La quale è costituita dalle operazioni di gestione continuative (componenti positivi e negativi di reddito) rientranti nell'attività svolta dall'impresa (oggetto sociale), per la quale la stessa è finalizzata OIC n. 12. Inoltre, indica anche il margine per remunerare il capitale di terzi e di rischio. Infatti, sottraendo dal margine operativo netto il costo del capitale di terzi (oneri finanziari) e le imposte sul reddito dell'esercizio rimane l'utile netto, che remunera il capitale di rischio.
+/- RISULTATO DELLA GESTIONE FINANZIARIA	Risultato della **gestione finanziaria**, comprende gli oneri e i proventi derivanti dalle scelte aziendali rivolte a reperire e/o ad impiegare le risorse finanziarie dell'impresa. È remunerata (o meno) dal'EBIT.
+/- RISULTATO DELLA GESTIONE ACCESSORIA	Il risultato della **gestione accessoria**, accoglie i fatti della gestione che non rientrano nell'attività tipica (in altri termini nell'oggetto sociale) dell'impresa. Più precisamente tutte le operazioni che fanno parte della gestione ordinaria ma che non rientrano nella gestione caratteristica o in quella finanziaria. Si riferisce in sostanza a operazioni residuali rispetto alle predette gestioni (OIC n. 12). È remunerata (o meno) dal'EBIT.

G+/-H+/-I=L RISULTATO ECONOMICO DELLA GESTIONE ORDINARIA	
+/- RISULTATO DELLA GESTIONE STRAORDINARIA	Il risultato della **gestione straordinaria**, include tutti quei fatti di gestione estranei all'attività ordinaria. È remunerata (o meno) dal'EBIT.
L+/-M=N RISULTATO AL LORDO DELLE IMPOSTE	
O Imposte dell'esercizio	Le imposte dell'esercizio includono le imposte correnti, differite e anticipate, ad esempio, l'Ires (imposta sul reddito delle società) e l'Irap (imposta regionale sulle attività produttive). L'amministrazione finanziaria dello Stato è remunerata dal'EBIT.
N-O=P UTILE (PERDITA) D'ESERCIZIO	L'utile (perdita) d'esercizio è la somma algebrica dei componenti positivi e negativi di reddito. Misura la remunerazione (o meno) del capitale di rischio.

A questo punto per estrapolare delle informazioni dal predetto conto economico, occorre passare dai valori assoluti a quelli relativi, ossia occorre percentualizzare i dati.

Più precisamente, percentualizzerò le varie poste, rispetto ai "ricavi netti di vendita" (sono il 100%).

Esempio: configurazione a costo del venduto percentualizzato.

CONTO ECONOMICO A RICAVI E COSTO DEL VENDUTO

	Descrizione Voci	%
A	RICAVI NETTI DI VENDITA	100,00%
B	COSTO DEL VENDUTO	73,90%
A-B=C	MARGINE LORDO INDUSTRIALE	26,10%
D	COSTI COMMERCIALI	2,21%
E	COSTI AMMINISTRATIVI	2,55%
F	ALTRI RICAVI E PROVENTI DIVERSI	0,70%
C-D-E+F=G	REDDITO OPERATIVO	22,04%
H	RISULTATO DELLA GESTIONE FINANZIARIA	0,76%
I	RISULTATO DELLA GESIONE ACCESSORIA	0,00%
G +/-H +/- I = L	RISULTATO ECONOMICO DELLA GESTIONE ORDINARIA	22,79%
M	RISULTATO DELLA GEST. STRAODINARIA	0,00%
L+/-M=N	RISULTATO AL LORDO DELLE IMPOSTE	22,79%
O	IMPOSTE DELL'ESERCIZIO	3,80%
N - O =P	UTILE (PERDITA) D'ESERCIZIO	18,99%

Il predetto conto economico percentualizzato evidenzia non solo l'incidenza sul fatturato dei costi industriali (o produzione) 73,90%, commerciali 2,21%, amministrativi 2,55, ma anche della gestione caratteristica 22,04%, finanziaria 0,76% ecc. Il confronto periodico di queste percentuali (ogni mese, anno ecc.) permette di esprimere un giudizio selle funzioni aziendali (produttiva, commerciale ecc.). Se però si vogliono informazioni più approfondite occorre scomporre le varie poste (es. il costo del venduto) e proseguire l'analisi.

Inoltre, dal conto economico a ricavi e costo del venduto si capisce come contribuiscono le gestioni (caratteristica, finanziaria ecc.) e le funzioni (produttiva, commerciale, amministrativa ecc.) alla formazione del risultato economico, il quale è il collegamento con lo Stato patrimoniale come vedremo nel prossimo capitolo.

RIEPILOGO DEL GIORNO 3:

- SEGRETO n. 11: Nel conto economico a ricavi e costo del venduto i costi sono classificati in base alla funzione produttiva, commerciale e amministrativa, ossia per destinazione.

- SEGRETO n. 12: La peculiarità di questo tipo di configurazione del conto economico è che possiamo concentrarci sul contributo delle varie funzioni e/o aree della gestione.

- SEGRETO n. 13: Il margine lordo industriale, si ottiene dalla differenza tra ricavi netti di vendita (A) e costo del venduto (B).

- SEGRETO n. 14: Nei costi commerciali rientrano tutte le spese attinenti all'attività di vendita (ad esempio, ammortamenti immobilizzazioni locali adibiti alla vendita ecc.).

- SEGRETO n. 15: Nei costi amministrativi rientrano tutte le spese attinenti all'attività amministrativa (ad esempio, ammortamenti immobilizzazioni locali, computer, arredamenti ecc.).

CAPITOLO 4:

Come classificare il nuovo stato patrimoniale

Una nuova immagine dello stato patrimoniale

Lo stato patrimoniale previsto dal codice civile art. 2424 deve essere redatto in base ad uno schema obbligatorio. Per tutti gli approfondimenti in merito alla sua "lettura" vi rimando al corso *Il Bilancio a Colori*.

L'obiettivo di questo corso è la "comprensione" dello stato patrimoniale attraverso uno strumento conosciuto come "analisi di bilancio".

L'analista dovrà effettuare una nuova classificazione delle poste dello stato patrimoniale in base a criteri finanziari. Più precisamente, la classificazione degli impieghi è effettuata in base alla "liquidabilità", mentre quella delle fonti in base alla "esigibilità".

SEGRETO n. 16: gli impieghi indicano come è stato utilizzato il denaro nell'azienda. La loro peculiarità è la liquidabilità.

Lo stato patrimoniale può essere paragonato a un albero (Balance Sheet tree). Infatti, i rami nel nostro caso sono rappresentati con l'attivo corrente, l'attivo immobilizzato ecc.

Rappresentazione sintetica dello stato patrimoniale a colori riclassificato secondo criteri finanziari:

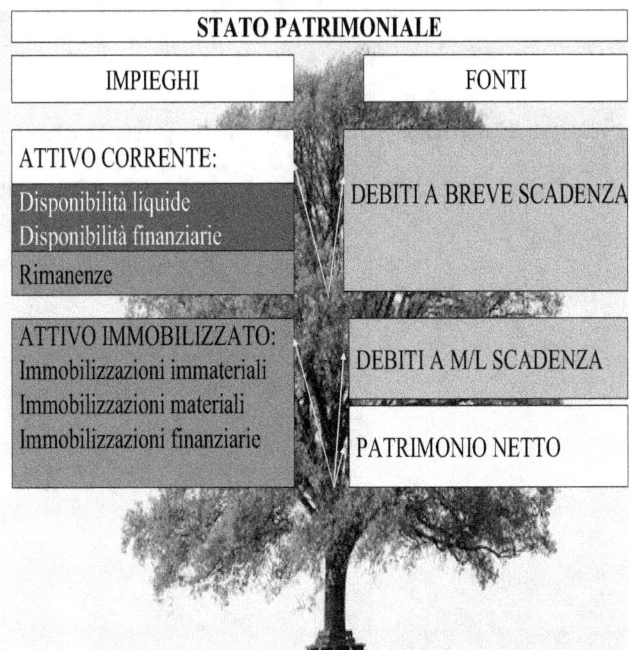

Lo stato patrimoniale può essere memorizzato in modo efficiente ed efficace osservandolo attentamente e successivamente provando a disegnarlo a mano, con il computer ecc. L'obiettivo è quello di creare una mappa mentale (Tony Buzan).

Di seguito ti fornisco un elenco della **terminologia** che utilizzerò nelle poste dello stato patrimoniale:

Terminologia	Esempio	
classe	Attivo corrente	Poste
sottoclasse	Disponibilità liquide	
voce	Denaro in cassa	

A questo punto andiamo a vedere lo Stato patrimoniale in forma analitica (a titolo esemplificativo) redatto secondo criteri finanziari:

CLASSI, SOTTOCLASSI E VOCI	DESCRIZIONE
IMPIEGHI	Gli impieghi indicano come è stato utilizzato il denaro nell'azienda. La loro peculiarità è la **liquidabilità**. Per capire questo concetto dobbiamo ipotizzarne la vendita e porci la seguente domanda: «In quanto tempo un impiego si trasforma in moneta? Un mese, undici mesi, quindici mesi ecc.» Quindi, quanto tempo occorre ad un impiego per ritornare in denaro.
ATTIVO CORRENTE	Questa classe è composta da elementi che rispondono affermativamente alla domanda: «Questo impiego si trasforma in moneta in un periodo minore di 12 mesi? Sì!!!»
Disponibilità liquide: + banca x c/c + denaro in cassa + c/c postali + assegni + valori bollati + crediti verso soci, è la parte già richiamata dagli amministratori + titoli immediatamente smobilizzabili es. titoli di stato	Questa sottoclasse è composta da voci che rispondono affermativamente alla domanda: «Questa voce è del denaro, un assegno ecc. o si può trasformare rapidamente in esso? Sì!!!»

Disponibilità finanziarie: + crediti verso clienti - fondo rischi/svalutazione crediti, quando si parte da una situazione patrimoniale contabile (-) + Ratei attivi + Risconti attivi + Crediti verso soci, quella parte non ancora richiamata dagli amministratori, ossia dal 26% al 100% dei conferimenti in denaro	Questa sottoclasse è composta da voci che rispondono affermativamente alla domanda: «Questo credito scade entro 12 mesi? Sì!!!»
Rimanenze: + Materie prime, sussidiarie + Prodotti in lavorazione + Prodotti finiti + Merci	Questa sottoclasse è composta da voci che rispondono affermativamente alla domanda: «Questo impiego sarà utilizzato nella produzione e/o venduto entro 12 mesi? Sì!!!»

SEGRETO n. 17: nell'attivo corrente troviamo le disponibilità liquide, le disponibilità finanziarie e le rimanenze.

ATTIVO IMMOBILIZZATO	Questa classe è composta da sottoclassi e voci che rispondono affermativamente alla domanda: «Questo impiego si trasforma in moneta in un periodo superiore a 12 mesi? Si!!!»
Immobilizzazioni immateriali: + Disaggio su prestiti + Costi d'impianto + Software - Fondi ammortamento ecc. (-)	
Immobilizzazioni materiali: + Fabbricati + Impianti e macchinario + Attrezzature industriali e commerciali + Macchine d'ufficio + Automezzi - Fondi ammortamento ecc. (-)	
Immobilizzazioni finanziarie: + Partecipazioni + Crediti a lungo termine + Titoli immobilizzati + Depositi cauzionali	

SEGRETO n. 18: nell'attivo immobilizzato troviamo le immobilizzazioni immateriali, materiali e finanziarie.

FONTI	Indicano la sorgente da cui scaturisce il denaro per finanziare gli impieghi. La loro peculiarità è l'**esigibilità**, per capire questo concetto dobbiamo ipotizzare la restituzione del denaro che abbiamo ottenuto e porci la seguente domanda: «Quando devo restituite i soldi della fonte presa in esame? Un mese, undici mesi, quindici mesi ecc.». Quindi, entro quanto tempo devo rimborsare i soldi della fonte presa in esame.
DEBITI A BREVE SCADENZA + Debiti verso banche + Debiti verso altri finanziatori + Debiti verso fornitori + Debiti tributari + Debiti verso istituti previdenziali + Ratei passivi + Risconti passivi + Debiti per TFRL + Mutui passivi in scadenza + Obbligazioni in scadenza + Fondi rischi e oneri + Utili da ripartire tra i soci	Questa classe è composta da voci che rispondono affermativamente alla domanda: «Questa fonte deve essere rimborsata in un periodo **minore di 12 mesi? Sì!!!»**

SEGRETO n. 19: debiti a breve scadenza, questa classe è composta da voci che rispondono affermativamente alla domanda: "questa fonte deve essere rimborsata in un periodo minore di 12 mesi? Sì!!!".

DEBITI A MEDIA/LUNGA SCADENZA + Obbligazioni + Mutui passivi + Debiti verso altri finanziatori + Debiti verso banche + Debiti per TFRL + Fondi rischi e oneri	Questa classe è composta da voci che rispondono affermativamente alla domanda: «Questa fonte deve essere rimborsata in un periodo **superiore di 12 mesi? Sì!!!»**
PATRIMONIO NETTO Capitale proprio: + Capitale sociale + Riserve Risultato economico dell'esercizio: + Utile d'esercizio - Perdita d'esercizio	Questa classe è composta da voci concesse a tempo indeterminato, quindi rispondono affermativamente alla domanda: «Questa fonte deve essere rimborsata in un periodo **superiore di 12 mesi? Sì!!!»**

SEGRETO n. 20: nelle fonti troviamo i debiti a breve termine, debiti a M/L termine e il patrimonio netto.

Stato patrimoniale sintetico a colori, percentualizzato e riclassificato secondo criteri finanziari:

STATO PATRIMONIALE SINTETICO						
	N		N-1		N-2	Colori
Descrizione Voci	Totali	%	Totali	%	Totali	
IMPIEGHI						
ATTIVO CORRENTE						
Disponibilità liquide	0,00		0,00		0,00	
Disponibilità finanziarie	0,00		0,00		0,00	
Rimanenze	0,00		0,00		0,00	
ATTIVO IMMOBILIZZATO						
Immobilizzazioni immateriali	0,00		0,00		0,00	
Immobilizzazioni materiali	0,00		0,00		0,00	
Immobilizzazioni finanziarie	0,00		0,00		0,00	
FONTI DI FINANZIAMENTO						
Debiti a breve scadenza	0,00		0,00		0,00	
Debiti a M/L scadenza	0,00		0,00		0,00	
TOTALE CAPITALE DI DEBITO	0,00		0,00		0,00	
PATRIMONIO NETTO	0,00		0,00		0,00	

Dopo la rielaborazione del conto economico e dello stato patrimoniale, possiamo predisporre gli indici di redditività, produttività, finanziari, patrimoniali e i margini. I predetti argomenti saranno trattati nei prossimi capitoli.

RIEPILOGO DEL GIORNO 4:

- SEGRETO n. 16: Gli impieghi indicano come è stato utilizzato il denaro nell'azienda. La loro peculiarità è la liquidabilità.

- SEGRETO n. 17: Nell'attivo corrente troviamo le disponibilità liquide, le disponibilità finanziarie e le rimanenze.

- SEGRETO n. 18: Nell'attivo immobilizzato troviamo le immobilizzazioni immateriali, materiali e finanziarie.

- SEGRETO n. 19: Debiti a breve scadenza, questa classe è composta da voci che rispondono affermativamente alla domanda: "questa fonte deve essere rimborsata in un periodo minore di 12 mesi? Sì!!!".

- SEGRETO n. 20: Nelle **fonti** troviamo i debiti a breve termine, debiti a M/L termine e il patrimonio netto.

CAPITOLO 5:

Come capire gli indici di redditività

La redditività in bianco e nero

La redditività è la capacità dell'azienda di produrre risultati economici positivi, che saranno destinati ai soci, alla copertura degli oneri finanziari dovuti ai terzi ecc. In altri termini con l'analisi della redditività rispondiamo alle seguenti domande:

- Quanto rende il capitale proprio ai soci/azionisti?
- Quanto mi costa il capitale ottenuto dai terzi?
- Quanto mi rende il capitale investito negli impieghi?
- Qual è la redditività delle vendite?
- Nel periodo preso in esame come ruotano gli impieghi a seguito dei ricavi?
- Come l'impresa finanzia gli impieghi? ecc.

SEGRETO n. 21: la redditività è la capacità dell'azienda di produrre risultati economici positivi, che saranno destinati ai soci, alla copertura degli oneri finanziari dovuti ai terzi ecc.

Come si legge un indice

Gli indici sono un rapporto B/A, dove il denominatore "A" rappresenta l'unità di misura (causa, input ecc.) del numeratore "B" (effetto, output ecc.). Quindi rispondono alla domanda: «Quante unità fisiche o monetarie di "B" sono state generate da un'unità fisica o monetaria di "A" ?»

L'indice aumenta se cresce il numeratore, diminuisce se si incrementa il denominatore (viceversa in caso contrario).

Come si analizza la redditività con i colori

Una bicicletta rimane in equilibrio solo se le sue ruote girano verso una direzione. Anche l'impresa funziona con un procedimento analogo: le sue ruote sono il conto economico e lo stato patrimoniale, la direzione giusta è l'equilibrio economico, finanziario e patrimoniale. In questo capitolo ci concentreremo sull'equilibrio economico che, come abbiamo visto, consiste nel verificare la capacità o meno dell'azienda di remunerare i fattori produttivi. Questo si verifica quando i ricavi sono maggiori dei costi e rimane un utile tale da remunerare anche il capitale (ossia i soci).

RICAVI	>	COSTI	=	UTILE

Gli indici (o rapporti o ratios), nel caso specifico misurano l'equilibrio economico. Più precisamente, sono lo strumento che ci permettono di conoscere se l'impresa sta andando o meno nel senso giusto.

I predetti indici si possono utilizzare solo dopo aver rielaborato opportunamente lo stato patrimoniale e il conto economico, come abbiamo visto nei capitoli precedenti. Al numeratore e al denominatore possiamo utilizzare degli aggregati e/o delle singole poste in base agli obiettivi che si vogliono raggiungere.

ROE

Il ROE (return on equity) è un indice che ci permette l'analisi dell'equilibrio economico. Si ottiene dal rapporto tra l'utile netto dell'esercizio e il capitale proprio (capitale sociale + riserve) *100. Questo indice segnala la capacità o meno dell'azienda di remunerare i soci che portano il capitale di rischio. Se il risultato fosse 10%, significa che per ogni € 100,00 di capitale proprio (ossia capitale investito dai soci) si hanno € 10,00 di utile netto d'esercizio (ossia una redditività di € 10,00). Quindi, confrontando il predetto risultato con investimenti alternativi che hanno un rendimento risk-free (ossia i titoli di stato che sono senza rischio), possiamo dire che i soci hanno investito bene i loro soldi.

Colore giallo: è quello del sole al quale possiamo associare la gioia. Vi sarà capitato di sentir dire: «Oggi ti vedo solare...». Il collegamento con la nostra analisi si verifica quando l'azienda ha un incremento del patrimonio netto (capitale sociale, riserve, utile d'esercizio) per effetto della gestione. Gli imprenditori, quando nella loro azienda c'è un utile dell'esercizio, sono "solari" e gioiosi. Quindi l'utile dell'esercizio e il capitale proprio (capitale sociale e riserve), saranno rappresentati con il colore giallo. Applichiamo i colori al predetto indice:

ROE (return on equity)	Utile netto dell'esercizio x 100 Capitale proprio	= 10%

Colore viola: riprendiamo l'indice che abbiamo visto prima. Se il risultato fosse negativo, significa che si è verificato un decremento del patrimonio netto per effetto della gestione, ossia c'è una "perdita di esercizio". In questo caso l'imprenditore ha investito dei soldi e li ha persi. Quindi ha fatto qualcosa di cui poi si è pentito. In altri termini, sente il rimorso per avere investito dei soldi che poi ha perso. Quindi, il risultato ottenuto dal predetto indice, ad esempio, -1% sarà rappresentato con il colore viola (rimorso).

ROE (return on equity)	Perdita dell'esercizio × 100 Capitale proprio	= - 1%

SEGRETO n. 22: il ROE è un indice che segnala la capacità o meno dell'azienda di remunerare i soci che portano il capitale di rischio.

ROD

Il ROD (return on debt o cost of debt) si ottiene dal rapporto tra gli oneri finanziari totali (es. interessi passivi ecc.) e il capitale di debito (passività a breve e passività a M/L termine) * 100. Questo indice segnala quanto mi è costato il denaro che ho ottenuto dai terzi (ossia dai finanziamenti espliciti).

Colore rosso: se, ad esempio, il risultato fosse 7%, significa che l'impresa ha preso in prestito del denaro sostenendo un costo mediamente del 7%, che può potenzialmente causare un danno all'equilibrio economico (esempio quando il costo supera la redditività del capitale investito). Quindi è rappresentato con il colore rosso (pericolo).

ROD (return on debt)	Oneri finanziari × 100 Capitale di debito	

Con il ROE e il ROD abbiamo analizzato la redditività delle fonti dello stato patrimoniale (capitale proprio e capitale di debito). Adesso analizzeremo gli impieghi con il ROI.

SEGRETO n. 23: il ROD segnala quanto mi è costato il denaro che ho ottenuto dai terzi (ossia dai finanziamenti espliciti).

ROI

Il ROI (return on investment) si ottiene dal rapporto tra reddito operativo e totale impieghi * 100. Questo indice segnala la redditività di tutti gli impieghi (o redditività del capitale investito).

Per attribuire il colore occorre conoscere il ROD.

Colore verde: esempio se il ROD è del 7% (costo medio del denaro) e il ROI è del 10% (redditività del capitale investito), significa che i soldi che ho preso a prestito dai terzi (es. banche) e che poi ho investiti negli impieghi, mi fruttano di più di quanto mi costano. Quindi, l'importo è rappresentato con il colore verde (speranza).

ROI	reddito operativo	x 100	
(return on investment)	totale impieghi		= 10%

Colore rosso: ad esempio se il ROD è del 7% (costo medio del denaro) e il ROI è del 5% (redditività del capitale investito), significa che i soldi che ho preso a prestito dai terzi (es. banche) e che poi ho investito negli impieghi, mi costano di più di quanto mi fruttano. Quindi, l'importo è rappresentato con il colore rosso (pericolo).

ROI	reddito operativo	x 100	
(return on investment)	totale impieghi		= 5%

SEGRETO n. 24: il ROI segnala la redditività di tutti gli impieghi (o redditività del capitale investito).

ROS

Il ROS (return on sales o Ebit margin) si ottiene dal rapporto tra reddito operativo e ricavi netti di vendita * 100. Questo indice segnala la redditività media delle vendite di un'impresa. In altri termini il margine di reddito operativo.

Colore verde: esempio, ROS anno N 10%, range tipico del settore di appartenenza 5% - 10%, ROS dell'anno precedente 6%. Se il ROS è nell'anno N del 10%, significa che ogni € 100 di ricavi di vendita, l'impresa ha un reddito operativo di € 10 (margine di reddito operativo). Inoltre, rientra nel range tipico dell'azienda, c'è un miglioramento rispetto all'anno precedente, rimane del margine per coprire anche i costi delle altre gestioni (finanziaria, straordinaria ecc.). Quindi possiamo rappresentarlo con il colore verde:

ROS (return on sales)	reddito operativo	x 100	= 10%
	ricavi netti di vendita		

Nell'ipotesi in cui il ROS non rientrasse nel range tipico dell'azienda (o addirittura fosse negativo, ossia si prende atto della crisi dell'impresa), il colore sarebbe rosso.

ROS (return on sales)	reddito operativo	x 100	=
	ricavi netti di vendita		

SEGRETO n. 25: il ROS segnala la redditività media delle vendite di un'impresa o in altri termini il margine di reddito operativo in percentuale sui ricavi.

Rotazione degli impieghi

L'indice di rotazione degli impieghi (o turnover capitale investito) si ottiene dal rapporto tra i ricavi netti di vendita e il totale impieghi. Segnala il numero di volte in cui gli impieghi ritornano in forma liquida, nel periodo preso in esame, a seguito dei ricavi conseguiti dalle vendite. È buono se aumenta e/o è elevato, ad esempio, quando il capitale è investito in modo efficiente; in questo caso il numeratore aumenta a fronte della diminuzione del denominatore.

Colore verde: ipotizziamo che l'indice di rotazione degli impieghi (ROT) migliora dall'anno N all'anno N+1, perché siamo riusciti a ridurre i costi (ossia l'efficienza dell'azienda).

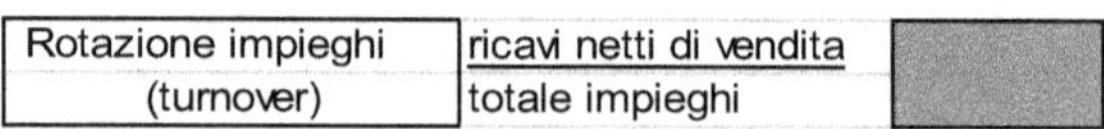

Nell'ipotesi in cui la rotazione degli impieghi in base ai dati storici e ai dati del settore peggiorasse, il colore sarebbe rosso.

Leverage

L'indice leverage (o leva finanziaria, o indice di indebitamento in forma indiretta) si ottiene dal rapporto tra "totale impieghi" e "capitale proprio". Segnala come l'impresa finanzia gli impieghi, più precisamente se utilizza il capitale di debito (ossia i finanziamenti) o il capitale proprio.

Colore giallo: se il risultato dell'indice leverage fosse compreso tra 1 e 2, ad esempio, 1,50, questo significherebbe che per ogni euro di "capitale proprio" ho 1,50 di impieghi nell'impresa; in altri termini 1 euro deriva dal capitale proprio e 0,50 centesimi dal capitale di debito. C'è una prevalenza del capitale proprio, quindi una situazione di equilibrio in merito al ricorso delle risorse finanziarie. Inoltre, occorre verificare che il ROI sia maggiore del ROD, perché nella predetta situazione il ROE aumenta (ossia c'è l'effetto leva). Il colore è il giallo (gioia).

Leverage	totale impieghi	
	capitale proprio	

Colore arancio: se il risultato del leverage fosse maggiore di 2, significherebbe che c'è una prevalenza del capitale di debito, ossia un notevole indebitamento e quindi conseguenti difficoltà a restituire gli oneri finanziari ai terzi. Inoltre, se il ROI è minore del ROD, il ROE diminuisce (effetto leva). Il colore è l'arancio (attenzione).

Leverage	totale impieghi	
	capitale proprio	

Incidenza della gestione non caratteristica

L'incidenza della gestione non caratteristica (IGNC) si ottiene dal rapporto tra "utile netto dell'esercizio" e "reddito operativo" * 100. Segnala il peso delle gestioni non caratteristiche (finanziaria, accessoria, straordinaria e fiscale) sul risultato economico dell'esercizio. In altri termini se ha influenzato il reddito dell'esercizio positivamente o negativamente.

Colore rosso: esempio: se il tasso di incidenza della gestione non caratteristica è minore di 100, significa che ha influenzato negativamente il risultato economico, ad esempio, se il risultato fosse 40%, significa che ogni € 100 di reddito operativo sono stati assorbiti € 40 dalla gestione non caratteristica, con la conseguente riduzione del risultato economico. Quindi l'importo è rappresentato con il colore rosso (pericolo).

IGNC	utile netto d'esercizio x 100	
	reddito operativo	

Nel caso il tasso di incidenza della gestione non caratteristica fosse maggiore di 100, significherebbe che ha influenzato positivamente il risultato economico dell'esercizio. Quindi il colore è verde (situazione opposta alla precedente).

IGNC	utile netto d'esercizio x 100	
	reddito operativo	=

Inoltre, la redditività è collegata a numerosi fattori che saranno presi in esame con l'analisi della produttività nel prossimo capitolo.

RIEPILOGO DEL GIORNO 5:

- SEGRETO n. 21: La redditività è la capacità dell'azienda di produrre risultati economici positivi, che saranno destinati ai soci, alla copertura degli oneri finanziari dovuti ai terzi ecc.

- SEGRETO n. 22: Il ROE è un indice che segnala la capacità o meno dell'azienda di remunerare i soci che portano il capitale di rischio.

- SEGRETO n. 23: Il ROD segnala quanto mi è costato il denaro che ho ottenuto dai terzi (ossia dai finanziamenti espliciti).

- SEGRETO n. 24: Il ROI segnala la redditività di tutti gli impieghi (o redditività del capitale investito).

- SEGRETO n. 25: Il ROS segnala la redditività media delle vendite di un'impresa o in altri termini il margine di reddito operativo in percentuale sui ricavi.

CAPITOLO 6:

Come comprendere gli indici
di produttività e sviluppo

La produttività

La produttività economica si ottiene dal rapporto tra output ottenuto (elemento espresso in moneta, ossia in valore) e le risorse impiegate per ottenerlo (elemento espresso in quantità); misura l'efficienza dell'impiego dei fattori produttivi (es. del lavoro ecc.); deve essere confrontata nel tempo (ossia per più anni) e nello spazio (ossia con aziende dello stesso settore).

$$\text{Produttività} = \frac{\textbf{output}}{\textbf{input}}$$

In altri termini il predetto indice ci permette di rispondere alla seguente domanda: con un'unità di input qual è l'output che otteniamo?

La produttività dipende da numerosi fattori, come, ad esempio, dagli impianti (meccanizzazione, disponibilità e qualità), dai processi di lavorazione, dalla programmazione delle vendite e degli acquisti, dalle abilità dei dipendenti, dai prezzi di vendita, dalla qualità dei prodotti che vendiamo ecc.

SEGRETO n. 26: la produttività economica si ottiene dal rapporto tra output ottenuto e le risorse impiegate per ottenerlo.

L'analisi della produttività e della redditività sono complementari e hanno come obiettivo il risultato economico positivo, il quale aumenta all'aumentare della produttività (viceversa in caso contrario).

In altri termini con l'analisi della produttività rispondiamo alle seguenti domande:

- Quanti ricavi netti di vendita sono stati generati da ogni dipendente?
- Quanto valore aggiunto è stato generato mediamente da ogni dipendente?
- Quanto costa mediamente ogni dipendente? ecc.

SEGRETO n. 27: la produttività misura l'efficienza dell'impiego dei fattori produttivi (es. del lavoro). Deve essere confrontata nel tempo e nello spazio.

Produttività del lavoro

Esempio n. 1

La produttività del lavoro si può ottenere dal rapporto tra "ricavi netti di vendita" e "numero medio dei dipendenti".

Colore verde: ipotizziamo di avere i seguenti risultati anno N € 200.000, anno N+1 € 250.000, inoltre rientrano nei parametri delle aziende dello stesso settore.

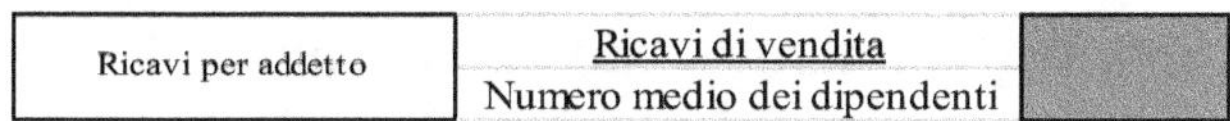

Il predetto indice segnala, ad esempio, che ogni dipendente genera mediamente nell'anno N+1 ricavi di vendita (o ricavi pro capite) di € 250.000. Quindi, se la produttività del lavoro aumenta da un anno all'altro e rientra nei parametri delle aziende dello stesso settore, utilizzeremo il colore verde (speranza).

Colore rosso: ipotizziamo di avere i seguenti risultati anno N € 200.000, anno N+1 € 150.000, inoltre non rientrano nei parametri delle aziende dello stesso settore.

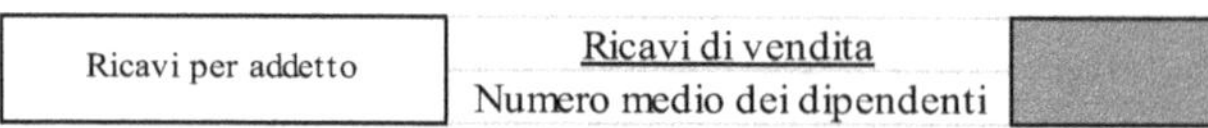

Quindi se la produttività del lavoro diminuisce da un anno all'altro e inoltre non rientra nei parametri delle aziende dello stesso settore, utilizzeremo il colore rosso (pericolo).

SEGRETO n. 28: la produttività del lavoro si può ottenere dal rapporto tra "ricavi netti di vendita" e "numero medio dei dipendenti".

Esempio n. 2

Valore aggiunto pro capite: si può ottenere dal rapporto tra "valore aggiunto" e "numero medio dei dipendenti".

Colore verde: ipotizziamo di avere i seguenti risultati anno N € 50.000, anno N+1 € 60.000, inoltre rientrano nei parametri delle aziende dello stesso settore.

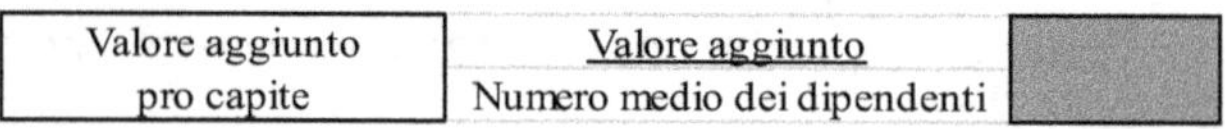

Il predetto indice segnala, ad esempio, che ogni dipendente genera nell'anno N+1 mediamente un valore aggiunto (o valore aggiunto pro capite) di € 60.000. Quindi, se la produttività del lavoro aumenta da un anno all'altro e rientra nei parametri delle aziende dello stesso settore, utilizzeremo il colore verde (speranza).

Colore rosso: ipotizziamo di avere i seguenti risultati: anno N € 50.000, anno N+1 € 30.000, che inoltre non rientrano nei parametri delle aziende dello stesso settore.

Valore aggiunto pro capite	$\dfrac{\text{Valore aggiunto}}{\text{Numero medio dei dipendenti}}$	

Quindi se la produttività del lavoro diminuisce da un anno all'altro e non rientra nemmeno nei parametri delle aziende dello stesso settore, utilizzeremo il colore rosso (pericolo).

SEGRETO n. 29: il valore aggiunto pro capite si può ottenere dal rapporto tra "valore aggiunto" e "numero medio dei dipendenti".

Esempio n. 3

Costo del lavoro pro capite: si può ottenere dal rapporto tra "costo del personale dipendente" e "numero medio dei dipendenti". **Colore verde**: ipotizziamo di avere i seguenti risultati anno N € 40.000.000, anno N+1 € 35.000.000, che inoltre rientrano nei parametri delle aziende dello stesso settore.

| Costo del lavoro pro capite | $\dfrac{\text{costo del personale dipendente}}{\text{Numero medio dei dipendenti}}$ | |

Il predetto indice segnala, ad esempio, che ogni dipendente genera mediamente un determinato costo del personale (o costo medio del lavoro per ogni dipendente). Quindi, se il costo medio per dipendente diminuisce da un anno all'altro e rientra nei parametri delle aziende dello stesso settore, utilizzeremo il colore verde (speranza).

Colore rosso: ipotizziamo di avere i seguenti risultati anno N € 40.000.000, anno N+1 € 45.000.000, che inoltre non rientrano nei parametri delle aziende dello stesso settore.

| Costo del lavoro pro capite | $\dfrac{\text{costo del personale dipendente}}{\text{Numero medio dei dipendenti}}$ | |

Quindi, se il costo medio per dipendente aumenta da un anno all'altro e inoltre non rientra nei parametri delle aziende dello stesso settore, utilizzeremo il colore rosso (pericolo).

SEGRETO n. 30: il costo del lavoro pro capite si può ottenere dal rapporto tra "costo del personale dipendente" e "numero medio dei dipendenti".

Esempio n. 4

Il fattore lavoro si può esaminare con il rapporto tra "costo del personale dipendente" e "ricavi netti di vendita".

Colore verde: ipotizziamo di avere i seguenti risultati anno N 23%, anno N+1 € 21%, che inoltre rientrano nei parametri delle aziende dello stesso settore.

$$\text{Incidenza} \quad \frac{\text{costo del personale dipendente}}{\text{ricavi netti di vendita}} \quad \times\ 100$$

Il predetto indice segnala il costo del lavoro ogni € 100 di fatturato. In altri termini la percentuale di ricavi netti di vendita consumati per remunerare uno dei fattori produttivi, ossia il personale dipendente. Se diminuisce da un anno all'altro e rientra nei parametri delle aziende dello stesso settore (quindi giudizio positivo), utilizzeremo il colore verde (speranza).

Colore rosso: ipotizziamo di avere i seguenti risultati anno N 20%, anno N+1 € 24%, che inoltre non rientra nei parametri delle aziende dello stesso settore.

$$\text{Incidenza} \quad \frac{\text{costo del personale dipendente}}{\text{ricavi netti di vendita}} \quad \times\ 100$$

Quindi se aumenta da un anno all'altro e non rientra nei parametri delle aziende dello stesso settore, utilizzeremo il colore rosso (pericolo).

Esempio n. 5

La produttività del lavoro si può esaminare anche con il rapporto tra "costo del personale dipendente" e "valore aggiunto" (o costo del lavoro per unità di prodotto, il cui acronimo è **CLUP**). Segnala la competitività o meno dell'impresa.

Colore rosso: ipotizziamo di avere i seguenti risultati anno N 50%, anno N+1 55%, che inoltre non rientra nei parametri delle aziende dello stesso settore.

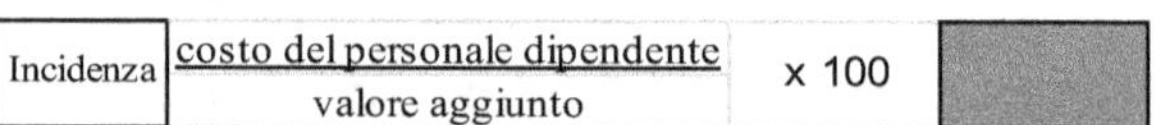

$$\text{Incidenza} \quad \frac{\text{costo del personale dipendente}}{\text{valore aggiunto}} \quad \times \ 100$$

Se aumenta da un anno all'altro e non rientra nei parametri delle aziende dello stesso settore, utilizzeremo il colore rosso (pericolo). La predetta situazione si verifica quando il costo del lavoro aumenta più dell'aumento del valore aggiunto (ossia della produttività). Ovviamente a condizione che gli altri costi non si adattino in proporzione. Quindi, nella predetta situazione è in pericolo la competitività dell'impresa. Ci possono essere almeno due soluzioni:

- produrre un quantitativo di prodotti maggiore, utilizzando lo stesso numero di lavoratori;
- produrre lo stesso quantitativo di prodotti, riducendo il numero di lavoratori (ad esempio, con macchinari nuovi

ecc.).

Colore verde: ipotizziamo di avere i seguenti risultati anno N 50%, anno N+1 € 45%, che inoltre rientrano nei parametri delle aziende dello stesso settore.

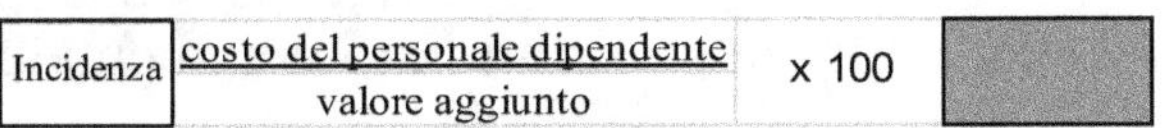

Se il predetto indice diminuisce da un anno all'altro e rientra nei parametri delle aziende dello stesso settore, utilizzeremo il colore verde (speranza). Il colore sarebbe lo stesso, anche quando ad un aumento del costo del lavoro corrisponda proporzionalmente un aumento del valore aggiunto, ossia aumenta la produttività.

Dopo l'analisi della produttività del lavoro, volendo acquisire ulteriori informazioni, si può proseguire con quella sul capitale investito ecc.

Indici di sviluppo

Con l'analisi degli indici di sviluppo rispondiamo alle seguenti domande: quanto è **aumentato/diminuito il fatturato, il capitale investito, il patrimonio netto? ecc.**

«L'ingegno è vedere possibilità dove gli altri non ne vedono».
(*Enrico Mattei*).

Variazione del fatturato

La variazione del fatturato si ottiene dal rapporto tra Δ fatturato e il fatturato iniziale * 100. Questo indice segnala la crescita o meno dei ricavi nell'anno.

Colore verde: esempio se il fatturato è aumentato dall'anno N-1 all'anno N, l'importo è rappresentato con il colore verde (speranza).

Variazione dei ricavi	(fatturato N - fatturato N - 1) x 100 fatturato N - 1	=

Variazione del capitale investito

La variazione del capitale investito si ottiene dal rapporto tra Δ capitale investito e il capitale investito iniziale * 100. Questo indice segnala la crescita o meno del capitale investito nell'anno. **Occorre una relazione reciproca tra il capitale investito e i ricavi derivanti dalle vendite/servizi (esempio, più capitale investito, più ricavi).**

Colore blu: esempio se il capitale investito è aumentato dall'anno N-1 all'anno N. Inoltre, sono aumentati anche i ricavi (ossia c'è una relazione reciproca). Quindi, l'importo è rappresentato con il colore blu (sicurezza).

Variazione del capitale investito	(capitale investito N - capitale investito N - 1) x 100 capitale investito N - 1	=

Variazione del patrimonio netto

La variazione del patrimonio netto si ottiene dal rapporto tra Δ patrimonio netto e il patrimonio netto iniziale * 100. Questo indice segnala la crescita o meno del patrimonio netto nell'anno. C'è crescita sostenibile solo se il delta del capitale investito è minore o uguale al delta del patrimonio netto; diversamente occorrerebbe fare leva su un aumento del debito finanziario.

Colore giallo: esempio in caso di utili non distribuiti (autofinanziamento), aumenti di capitale sociale a pagamento (conferimenti) ecc. il patrimonio netto aumenta dall'anno N-1 all'anno N. Quindi l'importo è rappresentato con il colore giallo (gioia).

Variazione del patrimonio netto	$\dfrac{(\text{patrimonio netto N} - \text{patrimonio netto N} - 1) \times 100}{\text{patrimonio netto N} - 1}$	=

Inoltre, si possono ottenere ulteriori informazioni sulla politica societaria proseguendo ad analizzare l'autofinanziamento e i conferimenti. Ad esempio, se il Dividend Pay-Out Ratio, ottenuto dal rapporto fra dividendi distribuiti e utili netti d'esercizio, è maggiore del 50% comporta un possibile rischio sull'equilibrio finanziario - patrimoniale.

RIEPILOGO DEL GIORNO 6:

- SEGRETO n. 26: La produttività economica si ottiene dal rapporto tra output ottenuto e le risorse impiegate per ottenerlo.

- SEGRETO n. 27: La produttività misura l'efficienza dell'impiego dei fattori produttivi (es. del lavoro). Deve essere confrontata nel tempo e nello spazio.

- SEGRETO n. 28: La produttività del lavoro si può ottenere dal rapporto tra "ricavi netti di vendita" e "numero medio dei dipendenti".

- SEGRETO n. 29: Il valore aggiunto pro capite si può ottenere dal rapporto tra "valore aggiunto" e "numero medio dei dipendenti".

- SEGRETO n. 30: Il costo del lavoro pro capite si può ottenere dal rapporto tra "costo del personale dipendente" e "numero medio dei dipendenti".

CAPITOLO 7:
Come interpretare gli indici finanziari

L'equilibrio finanziario

Come abbiamo detto nei precedenti capitoli, l'impresa può essere paragonata a una bicicletta, che rimane in equilibrio solo se le sue ruote girano verso una direzione. Anche l'impresa funziona con un procedimento analogo: le sue ruote sono il conto economico e lo stato patrimoniale, la direzione giusta è l'equilibrio economico, finanziario e patrimoniale.

In questo capitolo esamineremo l'equilibrio finanziario, che rappresenta la disposizione dell'azienda a mantenere in equilibrio le entrate con le uscite monetarie/finanziarie.

ENTRATE	>	USCITE

Inoltre, per coprire le uscite, non bisogna mettere a rischio l'equilibrio economico, mediante, ad esempio, l'utilizzo di fonti di finanziamento non omogenee dal punto di vista temporale (es. impieghi a lungo termine con fonti a breve termine). Infatti, l'equilibrio economico e finanziario sono strettamente connessi.

SEGRETO n. 31: con equilibrio finanziario si intende la disposizione dell'azienda a mantenere in equilibrio le entrate con le uscite monetarie/finanziarie.

Gli indici che esamineremo misurano l'equilibrio finanziario. Più precisamente, sono uno strumento statico e ci permettono di conoscere se l'impresa sta andando o meno nel senso giusto dal punto di vista finanziario. Mentre se vogliamo delle informazioni più approfondite occorre utilizzare l'analisi per flussi (strumento dinamico).

Gli aggregati al numeratore e al denominatore che utilizzerò negli indici di questo corso li prenderò dallo stato patrimoniale e/o dal conto economico rielaborati.

In altri termini con gli indici finanziari rispondiamo alle seguenti domande:

- L'attivo corrente è in grado di coprire i debiti a breve scadenza?
- Le disponibilità finanziarie, le disponibilità liquide sono in grado di coprire i debiti a breve scadenza?

- In che misura il capitale permanente è stato utilizzato per coprire le immobilizzazioni?

- In che misura il capitale proprio è stato utilizzato per coprire immobilizzazioni?

- Quante volte le rimanenze ritornano in forma liquida, a seguito dei ricavi conseguiti dalle vendite?

- Quanti giorni rimangono in giacenza in media le rimanenze nel magazzino?

- Quanti giorni di dilazione mediamente concediamo ai clienti?

- Quanti giorni di dilazione mediamente otteniamo dai fornitori? ecc.

A titolo esemplificativo vediamo i principali indici finanziari.

Indici di liquidità

Gli indici di liquidità valutano se l'impresa è in grado di adempiere o meno alle sue obbligazioni finanziarie (fornitori, banche, Erario ecc.) in tempi più o meno brevi (**solvibilità** nel breve termine).

Current ratio

Il current ratio (o liquidità corrente, o indice di disponibilità) si ottiene dal rapporto tra l'attivo corrente e i debiti a breve scadenza. Segnala se l'attivo corrente è in grado di coprire o meno i debiti a breve scadenza.

Colore blu: se il risultato del current ratio fosse compreso tra 1 e 2, ad esempio, 1,50, questo significherebbe che per ogni euro di "Debiti a breve scadenza" l'Attivo corrente dell'azienda è di € 1,50. Quindi, si ha una corretta correlazione tra Attività correnti e Debiti a breve scadenza. Il colore è il blu (sicurezza).

current ratio	attivo corrente	
	debiti a breve scadenza	

Colore arancio: se il risultato del current ratio fosse minore di 1, ad esempio, 0,70, questo significherebbe che per ogni euro di "Debiti a breve scadenza" l'Attivo corrente dell'azienda è di € 0,70. Quindi, non c'è una corretta correlazione tra Attività correnti e Debiti a breve scadenza. Il colore è l'arancio (attenzione).

current ratio	attivo corrente	
	debiti a breve scadenza	

Acid ratio

L'acid ratio (o indice secco, o indice di liquidità secondaria) si ottiene dal rapporto tra "(disponibilità finanziarie + disponibilità liquide) e i debiti a breve scadenza". Segnala se le disponibilità finanziarie e le disponibilità liquide sono in grado di coprire o meno i debiti a breve scadenza.

Colore blu: se il risultato dell'acid ratio è maggiore o uguale a 1, ad esempio, €1,20, significa che per ogni euro di "Debiti a breve scadenza" le disponibilità finanziarie e le disponibilità liquide sono di € 1,20. Quindi, si ha una corretta correlazione tra i dati al numeratore e al denominatore. Il colore è il blu (sicurezza).

acid test ratio	disponibilità finanziarie + disponibilità liquide	
	debiti a breve scadenza	

Colore arancio: se il risultato dell'acid ratio è minore di 1, ad esempio, 0,50, significa che per ogni euro di "Debiti a breve scadenza" le disponibilità finanziarie e le disponibilità liquide dell'azienda sono di € 0,50. Quindi, non c'è una corretta correlazione tra i dati al numeratore e al denominatore. Il colore è l'arancio (attenzione).

acid test ratio	disponibilità finanziarie + disponibilità liquide debiti a breve scadenza	

POSIZIONE FINANZIARIA NETTA

La posizione finanziaria netta (o indebitamento finanziario netto IFN) si ottiene dalla differenza tra i debiti finanziari (o debiti derivanti dai finanziamenti ottenuti dai terzi a breve, medio e lungo termine) e le attività finanziarie a breve (ossia le disponibilità liquide più i crediti derivanti dai finanziamenti concessi ai terzi a breve). Segnala le obbligazioni finanziarie nette che un'impresa ha verso terzi, ad esempio, le banche, gli obbligazionisti, altre società (ad esempio, di leasing, di factoring, del gruppo) ecc., quindi il rischio in atto. Il colore è l'arancio (attenzione).

IFN Indebitamento finanziario netto	debiti finanziari - attività finanziarie a breve	

L'indebitamento finanziario netto può essere utilizzato per costruire altri indici, come, ad esempio, il rapporto tra l'IFN/EBITDA (o Margine operativo lordo). Segnala quanti anni occorrono all'impresa per restituire l'indebitamento utilizzando il margine operativo lordo, che, come abbiamo visto nei precedenti capitoli, misura pressappoco l'autofinanziamento lordo che l'impresa è in grado di generare. Quindi meno sono gli anni necessari per restituire l'indebitamento, migliore è la situazione in cui si trova l'impresa. Il colore è l'arancio (attenzione). In altri termini ci deve essere minore o maggiore attenzione, a seconda che il risultato sia rispettivamente minore o maggiore di 3.

IFN / EBITDA

SEGRETO n. 32: gli indici di liquidità valutano se l'impresa è in grado di adempiere o meno alle sue obbligazioni finanziarie in tempi più o meno brevi (solvibilità nel breve termine).

Indici di solidità

Gli indici di solidità valutano se l'impresa è in grado adempiere o meno alle sue obbligazioni finanziarie nel medio/lungo termine (solvibilità nel medio/lungo termine).

Copertura delle immobilizzazione con capitale permanente

La copertura delle immobilizzazioni con il capitale permanente (capitale proprio + debiti a medio e lungo termine) si ottiene dal rapporto tra il "capitale permanente" e le "immobilizzazioni". Segnala in che misura il capitale permanente è stato utilizzato per coprire le immobilizzazioni.

Colore blu: se tale indice assume un valore maggiore a 1, ipotizziamo che il risultato fosse 1,55, significa che per ogni euro di "immobilizzazioni" il capitale permanente dell'azienda è di € 1,55. Il colore è il blu (sicurezza). Quindi, l'impresa dovrebbe essere solvibile nel medio e lungo termine.

copertura immobiliz. con cap. permanente	$\dfrac{\text{capitale permanente}}{\text{immobilizzazioni}}$	

Colore arancio: se tale indice assume un valore minore di 1, ipotizziamo che il risultato fosse 0,95, significa che per ogni euro di "immobilizzazioni" il capitale permanente dell'azienda è di € 0,95. L'impresa ha utilizzato anche "debiti a breve" per finanziare le immobilizzazioni. Questo comportamento crea una squilibrio temporale nella liquidità dell'impresa. Quindi, il colore è arancio (attenzione).

copertura immobiliz. con cap. permanente	$\dfrac{\text{capitale permanente}}{\text{immobilizzazioni}}$	

Copertura delle immobilizzazione con capitale proprio

La copertura delle immobilizzazioni con il capitale proprio si ottiene dal rapporto tra il "capitale proprio" e le "immobilizzazioni". Segnala in che misura il capitale proprio è stato utilizzato per coprire le immobilizzazioni.

Di solito, se tale indice assume un valore maggiore o uguale a 0,70, è considerato soddisfacente.

Colore blu: ipotizziamo che il risultato dell'indice di copertura delle immobilizzazioni con capitale proprio sia € 0,90, questo significherebbe che per ogni euro di "immobilizzazioni" il capitale proprio dell'azienda è di € 0,90. Inoltre, ipotizziamo anche che l'indice di copertura delle immobilizzazione con capitale permanente sia maggiore di 1 (ossia che la parte residua sia coperta debiti a medio e lungo termine). Il colore è il blu (sicurezza).

copertura imm. con cap. proprio	capitale proprio immobilizzazioni	

Colore arancio: ipotizziamo che il risultato dell'indice di copertura delle immobilizzazioni con capitale proprio sia € 0,59, questo significherebbe che per ogni euro di "immobilizzazioni" il capitale proprio dell'azienda è di € 0,59. Inoltre, ipotizziamo ancheche l'indice di copertura delle immobilizzazione con capitale permanente sia minore di 1 (ossia che la parte residua sia coperta debiti a breve). Il colore è arancio (attenzione).

copertura imm.	capitale proprio	
con cap. proprio	immobilizzazioni	

Coverage oneri finanziari

La copertura degli oneri finanziari con l'EBITDA si ottiene dal rapporto tra l' "EBITDA" e gli "oneri finanziari". Segnala in che misura l'EBITDA è in grado di coprire o meno gli oneri finanziari.

Di solito, se tale indice assume un valore maggiore di 2, è considerato soddisfacente.

Colore verde: ipotizziamo che il risultato dell'indice di copertura degli oneri finanziari con l'EBITDA sia 5. Il colore è il verde (verde).

coverage	EBITDA	
oneri finanziari	oneri finanziari	

La solvibilità nel breve e/o medio lungo periodo è importante perché determina l'attitudine o meno dell'impresa ad ottenere e/o rinnovare i finanziamenti, ad esempio, dalle banche.

SEGRETO n. 33: gli indici di solidità valutano se l'impresa è

in grado adempiere o meno alle sue obbligazioni finanziarie nel medio/lungo termine (solvibilità nel medio/lungo termine).

Indici di rotazione

Indice di rotazione delle rimanenze

L'indice di rotazione delle rimanenze si ottiene dal rapporto tra "ricavi di vendita" e " rimanenze". Segnala il numero di volte in cui le rimanenze ritornano in forma liquida, nel periodo preso in esame, a seguito dei ricavi conseguiti dalle vendite. È buono se aumenta e/o è elevato, ad esempio, quando le rimanenze sono investite in modo efficiente. Viceversa in caso contrario, quando c'è un eccessivo investimento in scorte.

Colore verde: ipotizziamo che l'indice di rotazione delle rimanenze (ROT rimanenze) migliora e/o è elevato dall'anno N all'anno N+1, perché siamo riusciti a ridurre le rimanenze (ossia l'efficienza dell'azienda).

ROT rimanenze (turnover)	ricavi netti di vendita / rimanenze	

Colore rosso: nell'ipotesi in cui la rotazione delle rimanenze in base ai dati storici peggiorasse, il colore sarebbe rosso. In altri termini c'è un eccessivo investimento in scorte.

ROT rimaneneze (turnover)	ricavi netti di vendita / rimanenze	

SEGRETO n. 34: l'indice di rotazione delle rimanenze segnala il numero di volte in cui le rimanenze ritornano in forma liquida, a seguito dei ricavi conseguiti dalle vendite.

Giorni di giacenza media del magazzino

L'indice dei giorni di giacenza media del magazzino si ottiene dal rapporto tra "rimanenze" e "ricavi delle vendite". Segnala il numero di giorni giacenza media delle rimanenze nel magazzino. È buono se diminuisce e/o è basso, ad esempio, quando le rimanenze sono investite in modo efficiente.

Colore verde: ipotizziamo che l'indice dei giorni di giacenza del magazzino passi da 110 (anno N) a 91,25 (anno N+1), perché siamo riusciti a ridurre le rimanenze (ossia l'efficienza dell'azienda).

GG giacenza media in magazzino	rimanenze / ricavi delle vendite	x 365	

Colore rosso: ipotizziamo che l'indice dei giorni di giacenza del magazzino passi da 110 (anno N) a 160 (anno N+1). Si ha un peggioramento dell'efficienza dell'azienda.

GG giacenza media in magazzino	$\dfrac{\text{rimanenze}}{\text{ricavi delle vendite}}$	x 365	

Indici di durata dei crediti v/clienti e dei debiti v/fornitori
Giorni di dilazione media sulle vendite

L'indice di dilazione media sulle vendite si ottiene dal rapporto tra "crediti v/clienti" e "vendite + IVA". Segnala il numero di giorni di dilazione che mediamente concediamo ai clienti, che deve essere minore di quello ottenuto dai fornitori.

Colore blu: ipotizziamo che l'indice dei giorni di dilazione media delle vendite è minore di quello degli acquisti.

GG dilazione media sulle vendite	$\dfrac{\text{crediti v/clienti 31.12.N}}{\text{vendite + IVA}}$	x 365	

Colore arancio: ipotizziamo che l'indice dei giorni di dilazione media delle vendite è maggiore di quello degli acquisti.

GG dilazione media sulle vendite	$\dfrac{\text{crediti v/clienti 31.12.N}}{\text{vendite + IVA}}$	x 365	

SEGRETO n. 35: l'indice di dilazione media sulle vendite segnala il numero di giorni di dilazione che mediamente concediamo ai clienti, che deve essere minore di quello ottenuto

dai fornitori.

Giorni di dilazione media sugli acquisti

L'indice di dilazione media sugli acquisti si ottiene dal rapporto tra "debiti verso i fornitori" e "acquisti + IVA". Segnala il numero di giorni di dilazione che mediamente otteniamo dai fornitori, che devono essere maggiori di quello concesso ai clienti.

Colore blu: ipotizziamo che l'indice dei giorni di dilazione media degli acquisti è maggiore di quello delle vendite.

GG dilazione media sugli acquisti	$\dfrac{\text{debiti v/fornitori 31.12.N}}{\text{acquisti + IVA}}$	x 365	

Colore arancio: ipotizziamo che l'indice dei giorni di dilazione media degli acquisti è minore di quello delle vendite.

GG dilazione media sugli acquisti	$\dfrac{\text{debiti v/fornitori 31.12.N}}{\text{acquisti + IVA}}$	x 365	

RIEPILOGO DEL GIORNO 7:

- SEGRETO n. 31: Con equilibrio finanziario si intende la disposizione dell'azienda a mantenere in equilibrio le entrate con le uscite monetarie/finanziarie.

- SEGRETO n. 32: Gli indici di liquidità valutano se l'impresa è in grado di adempiere o meno alle sue obbligazioni finanziarie in tempi più o meno brevi (solvibilità nel breve termine).

- SEGRETO n. 33: Gli indici di solidità valutano se l'impresa è in grado adempiere o meno alle sue obbligazioni finanziarie nel medio/lungo termine (solvibilità nel medio/lungo termine).

-   S

  EGRETO n. 34: L'indice di rotazione delle rimanenze segnala il numero di volte in cui le rimanenze ritornano in forma liquida, a seguito dei ricavi conseguiti dalle vendite.

- SEGRETO n. 35: L'indice di dilazione media sulle vendite segnala il numero di giorni di dilazione che mediamente concediamo ai clienti, che deve essere minore di quello ottenuto dai fornitori.

CAPITOLO 8:

Come apprendere gli indici patrimoniali

In questo capitolo esamineremo l'equilibrio patrimoniale. L'obiettivo è quello di conservare o sviluppare nell'azienda il patrimonio, che, in linea generale, può essere sintetizzato dalla seguente equazione:

ATTIVITA'	=	PASSIVITA	+	PATIMONIO NETTO

Come abbiamo visto nei capitoli precedenti, possiamo rappresentare sinteticamente lo stato patrimoniale a colori riclassificandolo secondo criteri finanziari:

L'equilibrio patrimoniale si verifica quando l'attivo corrente è maggiore (o uguale) dei debiti a breve scadenza. In questo caso, ovviamente i debiti a M/L scadenza e il patrimonio netto (ossia il capitale permanente) sono maggiori (o uguali) dell'attivo immobilizzato. Inoltre, per completare il quadro della struttura del patrimonio, occorre anche un corretto rapporto tra il capitale di terzi e il capitale proprio.

SEGRETO n. 36: l'equilibrio patrimoniale si verifica quando l'attivo corrente è maggiore dei debiti a breve scadenza e il capitale permanente è maggiore dell'attivo immobilizzato.

In altri termini, analizzeremo l'equilibrio patrimoniale degli impieghi e delle fonti. Ipotizziamo di visualizzare il predetto stato patrimoniale riclassificato, l'analisi degli aggregati presi in esame si articolerà in due fasi. Nella prima fase da sinistra a destra (o viceversa), nella seconda fase dall'alto in basso (o viceversa).

Prima fase

Questa analisi è effettuata con i seguenti indici:

- di elasticità degli impieghi;
- di rigidità degli impieghi;
- di incidenza dei debiti a breve termine;
- di incidenza dei debiti a M/L termine;
- di incidenza del capitale proprio.

L'elasticità degli impieghi si ottiene dal rapporto tra l'attivo corrente e il totale impieghi * 100. Segnala che più il valore si avvicina a 100, maggiore è l'elasticità. Per elasticità si intende la capacità di adattarsi dell'azienda al mutare delle circostanze dell'ambiente dove opera.

Colore blu: se il risultato dell'indice di elasticità degli impieghi fosse, ad esempio, € 70,00%, significherebbe che per ogni cento euro di "totale impieghi" l'attivo corrente è di € 70,00. Quindi, in linea generale, l'azienda è meno rischiosa, perché è in grado di adattarsi ai cambiamenti di mercato.

| Elasticità | $\dfrac{\text{attivio corrente}}{\text{totale impieghi}}$ | x 100 | |

SEGRETO n. 37: l'elasticità degli impieghi è intesa come la capacità di adattarsi dell'azienda al mutare delle circostanze dell'ambiente dove opera.

La rigidità degli impieghi si ottiene dal rapporto tra le "immobilizzazioni" e il "totale impieghi" * 100. Segnala che più il valore si avvicina a 100, maggiore è la rigidità. La rigidità rappresenta la scarsa, lenta, difficile adattabilità dell'impresa ai mutamenti (es. è il caso di imprese industriali) delle condizioni di mercato.

🤾 **Colore rosso**: se il risultato dell'indice di rigidità degli impieghi fosse, ad esempio, € 65,00%, significherebbe che per ogni cento euro di "totale impieghi" le immobilizzazioni sarebbero di € 65,00. Quindi, in linea generale, l'azienda è più rischiosa, perché non è in grado di adattarsi con una riduzione dei costi (es. ammortamenti ecc.), ad eventuali diminuzioni della domanda dei prodotti.

Rigidità	$\dfrac{\text{immobilizzazioni}}{\text{totale impieghi}}$	x 100	

SEGRETO n. 38: la rigidità degli impieghi è intesa come scarsa, lenta, difficile adattabilità dell'impresa ai mutamenti (es. imprese industriali) delle condizioni di mercato.

L'incidenza dei debiti a breve scadenza si ottiene dal rapporto tra i "debiti a breve scadenza" e il "totale impieghi" * 100. Segnala il peso dei debiti a breve termine sul totale impieghi.

🤾 **Colore arancio**: se il risultato dell'indice di incidenza dei debiti a breve scadenza fosse, ad esempio, € 30,00%, significherebbe che per ogni cento euro di "totale impieghi" i debiti a breve scadenza sono di € 30,00.

Incidenza debiti a breve termine	$\dfrac{\text{debiti a breve termine}}{\text{totale impieghi}}$	x 100	

Quando il valore supera il 50%, i debiti a breve termine prevalgono su quelli a lungo termine. Quindi, c'è il rischio di uno squilibrio patrimoniale.

SEGRETO n. 39: l'incidenza dei debiti a breve scadenza segnala il peso dei debiti a breve termine sul totale impieghi.

L'incidenza dei debiti a M/L termine si ottiene dal rapporto tra i "debiti a media e lunga scadenza" e il "totale impieghi" * 100. Segnala il peso dei debiti a medio lungo termine sul totale impieghi.

Colore arancio: se il risultato dell'indice di rigidità degli impieghi fosse, ad esempio, € 20,00%, significherebbe che per ogni cento euro di "totale impieghi" i debiti a M/L scadenza sono di € 20,00.

Incidenza debiti a M/L termine	$\dfrac{\text{debiti a M/L scadenza}}{\text{totale impieghi}}$	x 100	

SEGRETO n. 40: l'incidenza dei debiti a M/L termine segnala il peso dei debiti a medio lungo termine sul totale impieghi.

L'incidenza del capitale proprio si ottiene dal rapporto tra il "capitale proprio" e il "totale impieghi" * 100. Segnala il peso del capitale proprio sul totale impieghi.

Colore giallo: se il risultato dell'indice del capitale proprio fosse, ad esempio, € 45,00%, significherebbe che per ogni cento euro di "totale impieghi" il capitale proprio è di € 45,00.

Incidenza capitale proprio	capitale proprio / totale impieghi	x 100	

In **conclusione**, dopo aver calcolato i predetti indici, visualizziamo i risultati da sinistra a destra sullo stato patrimoniale percentualizzato. Se l'attivo corrente è maggiore (o uguale) ai debiti a breve scadenza, naturalmente leggendoli da destra a sinistra, il capitale permanente (debiti a M/L scadenza e il patrimonio netto) è maggiore (o uguale) dell'attivo immobilizzato. In altri termini c'è l'equilibrio patrimoniale. Viceversa in caso contrario.

Seconda fase

Questa analisi può essere effettuata con l'indice di indebitamento.

L'indice di indebitamento (in forma diretta) si ottiene dal rapporto tra il "capitale di debito (composto dai Debiti a breve scadenza + i Debiti a M/L scadenza)" e il "capitale proprio". Segnala quanto è il capitale di debito (ossia i finanziamenti ottenuti dai terzi) ogni euro di capitale proprio.

Colore giallo: se il risultato dell'indice fosse, ad esempio, 0,4, significherebbe che per ogni euro di "capitale proprio" il capitale di debito è di 0,4 centesimi. In questo caso c'è equilibrio tra le fonti di finanziamento. Il colore è il giallo (gioia).

Indice di indebitamento	$\dfrac{\text{capitale di debito}}{\text{capitale proprio}}$	

Colore arancio: se il risultato dell'indice fosse, ad esempio, 2,1, significherebbe che per ogni euro di "capitale proprio" il capitale di debito è di 2,1. In questo caso c'è uno squilibrio tra le fonti di finanziamento. Il colore è l'arancio (attenzione), occorre prendere urgentemente tutti gli opportuni provvedimenti.

| Indice di indebitamento | $\dfrac{\text{capitale di debito}}{\text{capitale proprio}}$ | |

Mentre, il rapporto tra il capitale proprio/capitale di debito, segnala il grado di capitalizzazione. Quindi la garanzia che hanno o meno i terzi finanziatori.

Inoltre, è opportuno ricordare, che l'equilibrio patrimoniale è strettamente connesso agli altri equilibri. Nel senso che solo se si raggiungono l'equilibrio economico e finanziario, si può salvaguardare l'equilibrio patrimoniale. Quindi, si mantiene o migliora il patrimonio dell'azienda.

In conclusione, per ottenere l'equilibrio patrimoniale, occorre che tra la composizione delle fonti e degli impieghi ci sia armonia, che si può trovare anche nelle forme e i colori di un quadro, nella musica con la melodia, nella parola con la prosodia ecc. Il loro denominatore comune è in generale il piacere, importantissimo perché attiva la gioia.

RIEPILOGO DEL GIORNO 8:

- SEGRETO n. 36: L'equilibrio patrimoniale si verifica quando l'attivo corrente è maggiore dei debiti a breve scadenza e il capitale permanente è maggiore dell'attivo immobilizzato.

- SEGRETO n. 37: L'elasticità degli impieghi è intesa come la capacità di adattarsi dell'azienda al mutare delle circostanze dell'ambiente dove opera.

- SEGRETO n. 38: La rigidità degli impieghi è intesa come scarsa, lenta, difficile adattabilità dell'impresa ai mutamenti (es. imprese industriali) delle condizioni di mercato.

- SEGRETO n. 39: L'incidenza dei debiti a breve scadenza segnala il peso dei debiti a breve termine sul totale impieghi.

- SEGRETO n. 40: L'incidenza dei debiti a M/L termine segnala il peso dei debiti a medio lungo termine sul totale impieghi.

CAPITOLO 9:

Come utilizzare i margini

Nei precedenti capitoli abbiamo rielaborato il conto economico e lo stato patrimoniale e abbiamo ottenuto i vari indici di redditività, finanziari e patrimoniali. Abbiamo inoltre visto che questi indici si ottengono con un rapporto (B/A), dove la grandezza "B" è il numeratore e la "A" il denominatore.

Il margine si ottiene per differenza tra almeno due aggregati, ad esempio: B - A = valore positivo (oppure negativo). Questo metodo è abbastanza semplice e sintetico, ma il suo limite è che non si ottengono delle informazioni approfondite.

SEGRETO n. 41: il margine si ottiene per differenza tra almeno due aggregati, ad esempio: B - A = valore positivo (oppure negativo).

L'obiettivo finale è sempre quello di valutare l'equilibrio

economico, finanziario e patrimoniale. Il lettore attento avrà notato che la parola "margine" è stata esaminata, ad esempio, nella rielaborazione del conto economico a valore aggiunto. Più precisamente abbiamo parlato di "margine operativo". Quindi, valgono tutte le considerazioni che abbiamo visto nel predetto capitolo.

Conto economico a valore aggiunto, dove possiamo vedere come si ottiene il **margine operativo**:

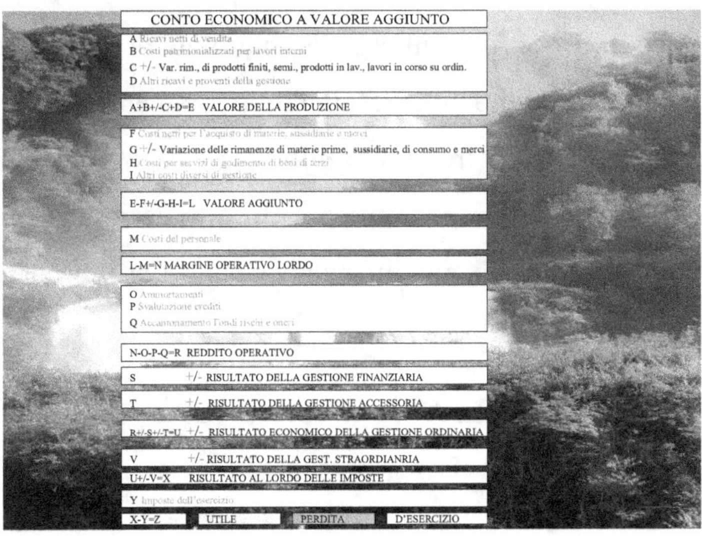

In questo capitolo concentreremo la nostra attenzione, sui margini dello stato patrimoniale riclassificato secondo criteri finanziari.

Margine di struttura, si ottiene dalla differenza tra il "capitale permanente" e "attivo immobilizzato". Segnala se il capitale permanente (capitale proprio + debiti a M/L termine) è in grado di coprire l'attivo immobilizzato. In altri termini se le fonti da restituire in un periodo medio/lungo, coprono o meno gli impieghi effettuati per lo stesso periodo.

 Colore blu: se il risultato del margine di struttura fosse positivo, significherebbe che il capitale permanente (es. € 700) è maggiore dell'attivo immobilizzato (es. € 600), ossia c'è equilibrio tra le fonti e gli impieghi. In altri termini, il capitale permanente è utilizzato per finanziare anche l'attivo corrente. Il colore è il blu (sicurezza).

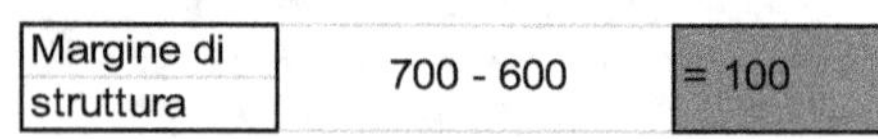

Rappresentiamo lo stato patrimoniale (importi espressi in €/migliaia):

STATO PATRIMONIALE	
IMPIEGHI	FONTI
ATTIVO CORRENTE: 400	DEBITI A BREVE SCADENZA 300
Disponibilità liquide	
Disponibilità finanziarie	
Rimanenze	
ATTIVO IMMOBILIZZATO: 600	DEBITI A M/L SCADENZA 400
Immobilizzazioni immateriali	
Immobilizzazioni materiali	
Immobilizzazioni finanziarie	CAPITALE PROPRIO 300

Colore arancio: se il risultato del margine di struttura fosse negativo, significherebbe che l'attivo immobilizzato (es. € 600) è maggiore del capitale permanente (es. € 550), ossia **non** c'è equilibrio tra gli impieghi e le fonti.

In altri termini, si utilizzano dei debiti a breve scadenza per finanziare anche l'attivo immobilizzato. La predetta situazione potrebbe causare delle difficoltà finanziarie per l'impresa. Ad esempio quando i debiti a breve derivano da un finanziamento di una banca, la quale per tutta una serie di motivazioni, potrebbe chiedere il rientro in tempi brevi. La predetta situazione si verifica perché le immobilizzazioni (es. macchinario) generano tramite gli ammortamenti un ritorno monetario lento, mentre la banca potrebbe chiedere la restituzione del finanziamento rapidamente. Il colore è l'arancio (attenzione).

Margine di struttura	550 - 600	= - 50

Rappresentiamo lo stato patrimoniale (importi espressi in €/migliaia):

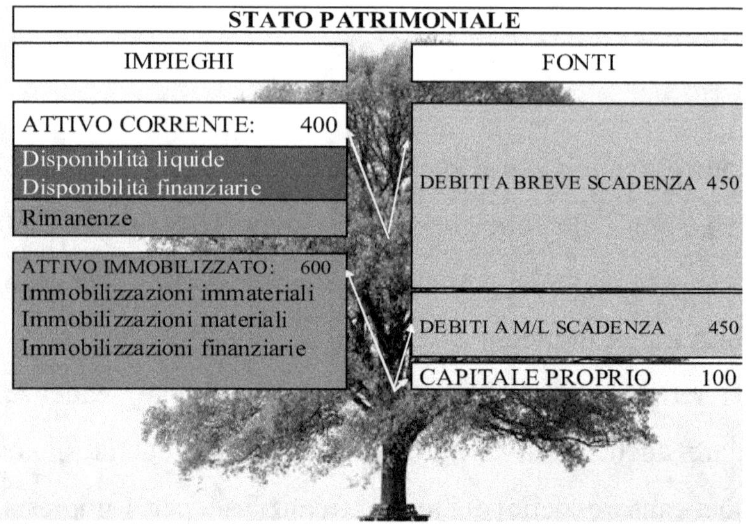

SEGRETO n. 42: il margine di struttura segnala se il capitale permanente (capitale proprio + debiti a M/L termine) è in grado di coprire (o meno) l'attivo immobilizzato.

Margine di tesoreria, si ottiene dalla differenza tra le "disponibilità liquide + disponibilità finanziarie" e i "debiti a breve scadenza". Segnala se le disponibilità liquide (banca xy c/c, denaro in cassa ecc.), disponibilità finanziarie (crediti verso clienti ecc.) sono in grado di coprire o meno i debiti a breve scadenza (debiti verso fornitori ecc.).

Colore blu: se il risultato del margine di tesoreria fosse positivo, significherebbe che le disponibilità liquide (es. € 50) e le disponibilità finanziarie (es. € 300) sono maggiori dei debiti a breve termine (es. € 300), ossia c'è equilibrio tra gli impieghi e le fonti. Il colore è il blu (sicurezza).

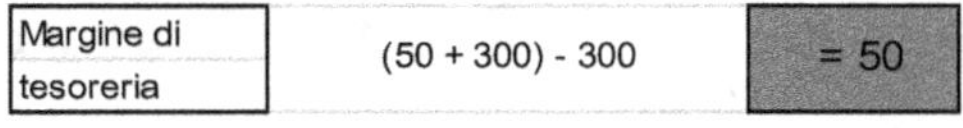

Rappresentazione dello stato patrimoniale (importi espressi in €/migliaia):

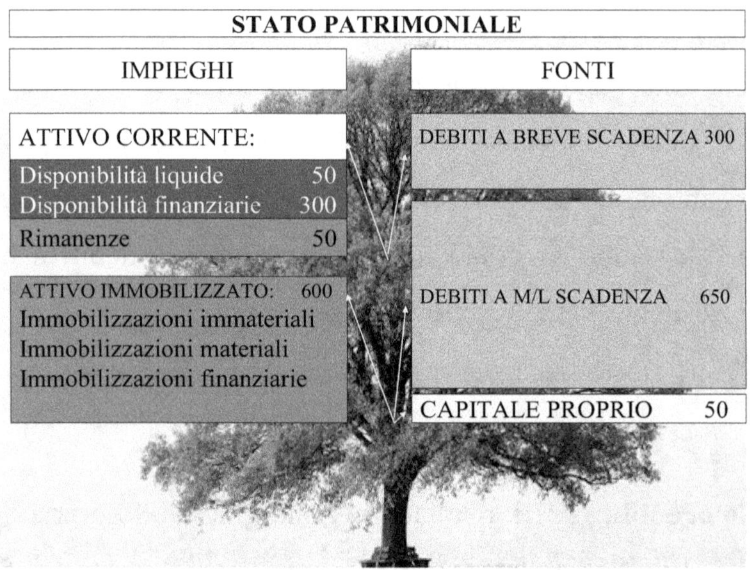

Colore arancio: se il risultato del margine di tesoreria fosse negativo, significherebbe che le disponibilità liquide (es. € 50) e disponibilità finanziarie (es. € 200) sono minori dei debiti a breve termine (es. € 300), ossia non c'è equilibrio tra gli impieghi e le fonti. Il colore è arancio (attenzione).

Margine di tesoreria	(50 + 200) - 300	= - 50

Rappresentazione dello stato patrimoniale (importi espressi in €/migliaia):

SEGRETO n. 43: il margine di tesoreria segnala se le disponibilità liquide e le disponibilità finanziarie sono in grado di coprire o meno i debiti a breve scadenza.

Capitale circolante netto (o patrimonio circolante netto), si ottiene dalla differenza tra l'Attivo corrente e i Debiti a breve scadenza. Segnala se l'attivo corrente è in grado di coprire o meno i debiti a breve scadenza.

Capitale circolante netto	Attivo corrente - Debiti a breve termine

SEGRETO n. 44: il capitale circolante netto (o patrimonio circolante netto) segnala se l'attivo corrente è in grado di coprire o meno i debiti a breve scadenza.

Colore blu: se il risultato del capitale circolante netto fosse positivo, significherebbe che l'attivo corrente (es. € 450) è maggiore dei debiti a breve termine (es. € 300), ossia c'è equilibrio tra gli impieghi e le fonti. Il colore è il blu (sicurezza).

Capitale circolante netto	450 - 300	= 150

Rappresentazione dello stato patrimoniale (importi espressi in €/migliaia):

SEGRETO n. 45: se il risultato del capitale circolante netto fosse positivo, significherebbe che l'attivo corrente è maggiore dei debiti a breve termine, ossia c'è equilibrio tra gli impieghi e le fonti.

Colore arancio: se il risultato del capitale circolante netto fosse negativo, significherebbe che l'attivo corrente (es. € 250) è minore dei debiti a breve termine (es. € 300), ossia non c'è equilibrio tra gli impieghi e le fonti. Il colore è arancio (attenzione).

Capitale circolante netto	250 - 300	= - 50

Rappresentazione dello stato patrimoniale (importi espressi in €/migliaia):

RIEPILOGO DEL GIORNO 9:

- SEGRETO n. 41: Il margine si ottiene per differenza tra almeno due aggregati, ad esempio: B - A = valore positivo (oppure negativo).

- SEGRETO n. 42: Il margine di struttura segnala se il capitale permanente (capitale proprio + debiti a M/L termine) è in grado di coprire (o meno) l'attivo immobilizzato.

- SEGRETO n. 43: Il margine di tesoreria segnala se le disponibilità liquide e le disponibilità finanziarie sono in grado di coprire o meno i debiti a breve scadenza.

- SEGRETO n. 44: Il capitale circolante netto (o patrimonio circolante netto) segnala se l'attivo corrente è in grado di coprire o meno i debiti a breve scadenza.

- SEGRETO n. 45: Se il risultato del capitale circolante netto fosse positivo, significherebbe che l'attivo corrente è maggiore dei debiti a breve termine, ossia c'è equilibrio tra gli impieghi e le fonti.

CAPITOLO 10:
Come rappresentare i dati aziendali

Nei precedenti capitoli, abbiamo visto come si riclassifica il conto economico e lo stato patrimoniale, fino ad ottenere i vari indici di redditività, di produttività, finanziari e patrimoniali. Questi indici devono essere analizzati per almeno tre esercizi (nel tempo), con aziende dello stesso settore (nello spazio) e infine trovare i collegamenti tra loro (ossia lettura a sistema degli indici).

A questo punto dobbiamo rappresentare i dati dell'azienda. Nel corso abbiamo visto che il conto economico può essere paragonato a una cascata (Profit and Loss waterfall), lo stato patrimoniale a un albero (Balance Sheet tree), che è sostenuto e alimentato dalle sue radici (roots), che a loro volta possono essere paragonate agli indici.

Abbiamo diversi tipi di radice, quella principale (ROE), di secondo ordine (I.G.N.C, ROI, LEVERAGE), di terzo ordine (ROS, ROTAZIONE IMPIEGHI) ecc.

Rappresentazione del C.E. a valore aggiunto percentualizzato:

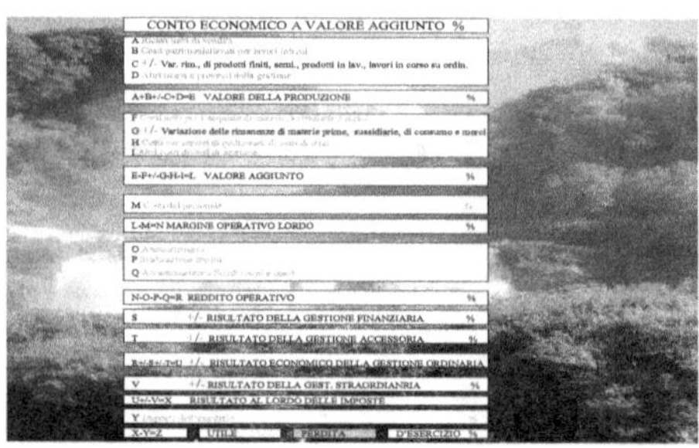

Rappresentazione dello stato patrimoniale percentualizzato, collegato al conto economico dal risultato economico (utile o perdita), ossia l'acqua eventualmente rimasta nell'ultima pozza:

Rappresentazione degli indici (o radici dell'albero alimentate o meno dall'acqua eventualmente rimasta):

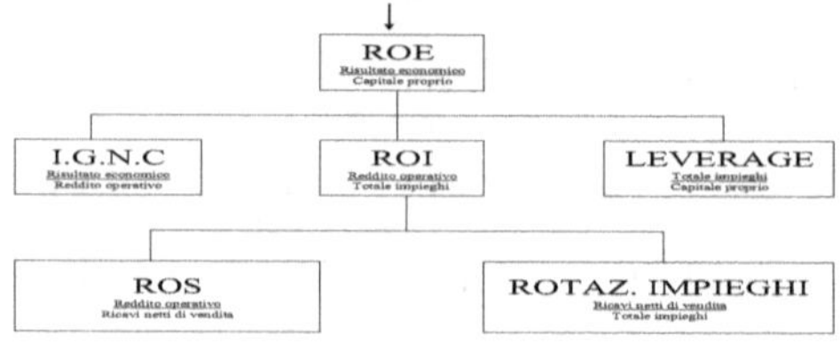

Per quanto riguarda le informazioni che possiamo ottenere dal conto economico e dallo stato patrimoniale percentualizzato vi rimando a quanto abbiamo visto nei precedenti capitoli. In questo paragrafo ci concentreremo solo sui collegamenti degli indici.

SEGRETO n. 46: gli indici di redditività, finanziari ecc. devono essere analizzati per almeno tre esercizi, con aziende dello stesso settore e infine trovare i collegamenti tra loro.

Il **ROE** (radice principale), si ottiene dal rapporto tra il risultato economico/capitale proprio * 100, è la sintesi del risultato degli altri indici. Il nostro compito sarà quello di scomporlo, capire e spiegare i suoi collegamenti in modo semplice.

SEGRETO n. 47: il ROE (radice principale) è la sintesi del risultato degli altri indici. Chi effettua l'analisi del bilancio dovrà scomporlo e capire i suoi collegamenti.

Come si può vedere nella rappresentazione, il ROE si può scomporre nell'I.G.N.C, il ROI e il Leverage (radice di secondo ordine). In altri termini, moltiplicando l'importo dei predetti indici si ottiene il ROE (formula Du Pont).

SEGRETO n. 48: il ROE si può scomporre nell'I.G.N.C, il ROI e il Leverage (radice di secondo ordine). In altri termini, moltiplicando l'importo dei predetti indici si ottiene il ROE.

A titolo esemplificativo, per vedere gli effetti sul ROE, prendiamo in esame un indice alla volta e ipotizziamo che gli altri due indici rimangano invariati.

ROI: si ottiene dal rapporto tra Reddito operativo/Totale impieghi*100. Se il ROI aumenta anche il ROE aumenta (n.b. il ROI deve essere maggiore del ROD). Viceversa in caso contrario.

SEGRETO n. 49: se il ROI aumenta anche il ROE aumenta (n.b. il ROI deve essere maggiore del ROD). Viceversa in caso contrario.

Leverage: si ottiene dal rapporto tra Totale impieghi/Capitale proprio. Se il Leverage aumenta anche il ROE aumenta (n.b. il leverage non deve essere maggiore di 2). Viceversa in caso contrario.

I.G.N.C.: si ottiene dal rapporto tra Utile netto dell'esercizio/Reddito operativo*100. Ipotizziamo che l'I.G.N.C è minore di 100, c'è un'incidenza negativa, quindi se I.G.N.C aumenta dall'anno N all'anno N+1 (es. dal 30% al 40%) il ROE diminuisce. Viceversa in caso contrario. Mentre, se ipotizziamo che l'I.G.N.C è maggiore di 100, c'è un'incidenza positiva, quindi se I.G.N.C aumenta il ROE aumenta.

SEGRETO n. 50: se l'I.G.N.C. è minore di 100, c'è un'incidenza negativa, quindi se I.G.N.C aumenta dall'anno N all'anno N+1 il ROE diminuisce. Viceversa in caso contrario.

Il ROS e la ROTAZIONE IMPIEGHI sono la radice di terzo ordine, moltiplicando il loro importo si ottiene il **ROI**. A titolo esemplificativo, per vedere gli effetti sul ROI, prendiamo in esame un indice alla volta e ipotizziamo che l'altro indice rimanga invariato.

ROS: si ottiene dal rapporto tra Reddito operativo/Ricavi di vendita*100. Se il ROS aumenta anche il ROI aumenta. Viceversa in caso contrario.

ROTAZIONE IMPIEGHI: si ottiene dal rapporto tra Ricavi di vendita/ Totale impieghi. Se l'indice di ROTAZIONE IMPIEGHI aumenta anche il ROI aumenta. Viceversa in caso contrario. La logica moltiplicativa (formula Du Pont) che abbiamo visto è abbastanza semplice, però le informazioni ottenute possono essere considerate dall'analista di modesta importanza. Quindi, per chi fosse interessato ad approfondire l'analisi può proseguire con la logica additivo-moltiplicativo (formula Modigliani - Miller):

$$ROE = ROI + (ROI\text{-}ROD) * \frac{capitale\ di\ debito}{capitale\ proprio}$$

Nella predetta formula troviamo il ROI (return on investment), il ROD (return on debt), l'indice di indebitamento. Indici che abbiamo già visto nei precedenti capitoli, ai quali vi rimando. Una volta che l'analista ha ottenuto le informazioni desiderate dagli indici, dal conto economico, dallo stato patrimoniale percentualizzato ecc., potrà dare un giudizio sull'equilibrio economico, finanziario e patrimoniale. Quindi, l'analista di una banca erogherà o meno il finanziamento, il consulente inizierà il suo lavoro per migliorare il ROE ecc.

Come passare dalla teoria alla pratica

A questo punto del corso, avete capito come rielaborare il conto economico, lo stato patrimoniale, gli indici e la loro rappresentazione. Siamo giunti alla fase più difficile, ossia dobbiamo formalizzare tutto quello che si è appreso.

Per quanto riguarda la check-list dei documenti (eventualmente da presentare a una banca), il corsista può raccogliere quanto segue:

- bilanci d'esercizio di almeno tre anni (stato patrimoniale, conto economico e nota integrativa ecc.);
- dichiarazioni dei redditi, ricevute di presentazione e F24 di almeno tre anni;
- visura camerale (C.C.I.A.A.);
- conti correnti (banche ecc.) e relativi affidamenti;
- clienti e fornitori (almeno 5, i più rilevanti);
- situazione patrimoniale ed economica alla data dell'analisi di bilancio (ad esempio, a giugno dell'anno N);
- budget (se c'è) ecc.

Per predisporre l'analisi del bilancio possiamo utilizzare dei software specifici (ipotesi suggerita in una seconda fase), oppure procedere all'inizio con un foglio di Excel. Ipotizziamo di scegliere la seconda possibilità, sicuramente più faticosa, ma ci permette di capire meglio tutti i passaggi per arrivare agli indici. L'obiettivo è quello di costruire un modello in Excel, con lo stesso piano dei conti utilizzato nella contabilità generale, fino ad arrivare all'analisi di bilancio per indici.

Un foglio lo dedicheremo all'**indice**:

<table>
<tr><td colspan="2" align="center">INPUT</td></tr>
<tr><td>INDICE</td><td></td></tr>
<tr><td>COPERTINA</td><td></td></tr>
<tr><td>BILANCIO D'ESERCIZIO CIVILISTICO</td><td></td></tr>
<tr><td>ANALISI DI BILANCIO PER INDICI
Stato patrimoniale (analitico)
Conto economico a valore aggiunto (analitico)
Indici (analitici)
Margini (analitici)</td><td>DATI RICLASSIFICATI</td></tr>
<tr><td colspan="2" align="center">OUTPUT</td></tr>
<tr><td>ANALISI DI BILANCIO PER INDICI
Stato patrimoniale (sintetico)
Conto economico a valore aggiunto (sintetico)
Indici e margini (sintetici)
Coordinamento degli indici</td><td></td></tr>
</table>

Un foglio lo dedicheremo all'**inserimento** dei dati:

		N+2		N+1		N
		Totali		Totali		Totali
1	**ANNUALE DATI CONSUNTIVI**					
2	DESCRIZIONE					
3						
4	**ATTIVO**					
5	20 A) Crediti verso soci per versamenti ancora dovuti:					
6	30 1) Crediti verso soci per versamenti dovuti e richiamati	0,00		0,00		0,00
7	Conto 100001 Crediti v/soci versam. richiamati	0,00		0,00		0,00
8	40 2) Crediti verso soci per versamenti dovuti non ancora richiamati	0,00		0,00		0,00
9	Conto 100000 Crediti v/soci vers. non richiamati	0,00		0,00		0,00
10	50 Totale crediti verso soci per versamenti ancora dovuti (A)	0,00		0,00		0,00
11	Operazioni #30+#40					
12	60 B) Immobilizzazioni:					
13	70 I - Immobilizzazioni immateriali:					
14	80 1) costi di impianto e di ampliamento					
15	90 - costi di impianto e di ampliamento	0,00		0,00		0,00
16	Conto 210000 Spese di costituz. e modif. statuto	0,00		0,00		0,00
17	Conto 210001 Spese di avviamento nuovi impianti	0,00		0,00		0,00
18	Conto 210002 Altri costi di impianto ed ampliam.	0,00		0,00		0,00
19	100 - fondo amm.to costi di impianto e di ampliamento	0,00		0,00		0,00
20	Conto 210800 F.do sval. spese di cost. e modif.	0,00		0,00		0,00
21	Conto 210801 F.do sval. spese di avviamento	0,00		0,00		0,00
22	Conto 210802 F.do sval.altri costi di impianto e	0,00		0,00		0,00
23	Conto 210900 F.do amm. spese di costituz. e mod.	0,00		0,00		0,00
24	Conto 210901 F.do amm. spese di avviamento	0,00		0,00		0,00
25	Conto 210902 F.do amm.altri costi di impianto	0,00		0,00		0,00

ecc.

Il predetto piano dei conti è stato preso dal software ViaLibera Gestione Contabile prodotto da "Il Sole 24 ORE". È il software che utilizzo nel mio studio.

122

Dedicheremo rispettivamente un foglio **analitico** allo stato patrimoniale, al conto economico, agli indici e ai margini, ad esempio, il seguente:

id Riga	Descrizione Voci	ANNUALE	N+2 Totali	%	ANNUALE	N+1 Totali	%	ANNUALE	N Totali
	STATO PATRIMONIALE ANALITICO								
	IMPIEGHI								
	ATTIVO CORRENTE								
	DISPONIBILITA' LIQUIDE:		0,00	#DIV/0!		0,00	#DIV/0!		0,00
1230	1) depositi bancari e postali	0,00		#DIV/0!	0,00		#DIV/0!	0,00	
1240	2) assegni	0,00		#DIV/0!	0,00		#DIV/0!	0,00	
1250	3) danaro e valori in cassa	0,00		#DIV/0!	0,00		#DIV/0!	0,00	
30	1) Crediti verso soci per versamenti dovuti e richiamati	0,00		#DIV/0!	0,00		#DIV/0!	0,00	
	DISPONIBILITA' FINANZIARIE:		0,00	#DIV/0!		0,00	#DIV/0!		0,00
620	Crediti v/imprese controllate importi esigibili entro l'esercizio successivo	0,00		#DIV/0!	0,00		#DIV/0!	0,00	
660	Crediti v/imprese collegate importi esigibili entro l'esercizio successivo	0,00		#DIV/0!	0,00		#DIV/0!	0,00	
700	Crediti v/controllanti importi esigibili entro l'esercizio successivo	0,00		#DIV/0!	0,00		#DIV/0!	0,00	
740	Crediti v/altri importi esigibili entro l'esercizio successivo	0,00		#DIV/0!	0,00		#DIV/0!	0,00	
930	Crediti v/clienti importi esigibili entro l'esercizio successivo	0,00		#DIV/0!	0,00		#DIV/0!	0,00	
970	Crediti v/imprese controllate importi esigibili entro l'esercizio successivo	0,00		#DIV/0!	0,00		#DIV/0!	0,00	
1010	Crediti v/imprese collegate importi esigibili entro l'esercizio successivo	0,00		#DIV/0!	0,00		#DIV/0!	0,00	
1050	Crediti v/controllanti importi esigibili entro l'esercizio successivo	0,00		#DIV/0!	0,00		#DIV/0!	0,00	
1073	Crediti tributari importi esigibili entro l'esercizio successivo	0,00		#DIV/0!	0,00		#DIV/0!	0,00	
1077	Imposte anticipate importi esigibili entro l'esercizio successivo	0,00		#DIV/0!	0,00		#DIV/0!	0,00	
1210	Totale attivita' finanziarie che non costituiscono immobilizzaz. (III)	0,00		#DIV/0!	0,00		#DIV/0!	0,00	
1290	1) ratei attivi	0,00		#DIV/0!	0,00		#DIV/0!	0,00	
1300	2) risconti attivi	0,00		#DIV/0!	0,00		#DIV/0!	0,00	

ecc.

Dedicheremo un foglio **sintetico** allo stato patrimoniale, al conto economico, agli indici e ai margini come, ad esempio, il seguente:

STATO PATRIMONIALE SINTETICO							COLORI
	N+2		N+1		N		
id Descrizione Voci	Totali	%	Totali	%	Totali	%	
IMPIEGHI							
ATTIVO CORRENTE							
DISPONIBILITA' LIQUIDE:	0,00	#DIV/0!	0,00	#DIV/0!	0,00	#DIV/0!	
DISPONIBILITA' FINANZIARIE:	0,00	#DIV/0!	0,00	#DIV/0!	0,00	#DIV/0!	
RIMANENZE:	0,00	#DIV/0!	0,00	#DIV/0!	0,00	#DIV/0!	
TOTALE ATTIVO CORRENTE	0,00	#DIV/0!	0,00	#DIV/0!	0,00	#DIV/0!	
ATTIVO IMMOBILIZZATO							
IMMOBILIZZAZIONI IMMATERIALI	0,00	#DIV/0!	0,00	#DIV/0!	0,00	#DIV/0!	
IMMOBILIZZAZIONI MATERIALI	0,00	#DIV/0!	0,00	#DIV/0!	0,00	#DIV/0!	
IMMOBILIZZAZINI FINANZIARIE	0,00	#DIV/0!	0,00	#DIV/0!	0,00	#DIV/0!	
TOTALE ATTIVO IMMOBILIZZATO	0,00	#DIV/0!	0,00	#DIV/0!	0,00	#DIV/0!	
TOTALE IMPIEGHI	0,00	#DIV/0!	0,00	#DIV/0!	0,00	#DIV/0!	
FONTI DI FINANZIAMENTO							
DEBITI A BREVE SCADENZA	0,00	#DIV/0!	0,00	#DIV/0!	0,00	#DIV/0!	
DEBITI A M/L SCADENZA	0,00	#DIV/0!	0,00	#DIV/0!	0,00	#DIV/0!	
TOTALE CAPITALE DI DEBITO	0,00	#DIV/0!	0,00	#DIV/0!	0,00	#DIV/0!	
PATRIMONIO NETTO:	0,00	#DIV/0!	0,00	#DIV/0!	0,00	#DIV/0!	
TOTALE FONTI DI FINAZIAMENTO	0,00	#DIV/0!	0,00	#DIV/0!	0,00	#DIV/0!	

Il modello di analisi di bilancio che vi ho proposto, a titolo esemplificativo, è solo il punto di partenza. Sarà cura dell'utilizzatore personalizzarlo in base alle proprie esigenze.

In conclusione, il compito dell'analista è quello di arrivare ad un giudizio sui vari equilibri. Equilibrio economico: se prevalgono gli indici che rientrano nei valori normali di riferimento, attribuiremo il colore verde (speranza), in caso contrario il colore è il rosso (pericolo). Equilibrio finanziario (n.b. da integrare con l'analisi per flussi): se prevalgono gli indici che rientrano nei valori normali di riferimento, attribuiremo il colore blu (sicurezza), in caso contrario il colore è l'arancio (attenzione).

Equilibrio patrimoniale: se prevalgono gli indici che rientrano nei valori normali di riferimento, attribuiremo il colore giallo (gioia), in caso contrario il colore è il viola (rimorso).

In sintesi (a titolo esemplificativo) vi propongo la seguente legenda:

= **PERICOLO**, se prevalgono gli indici che **non** rientrano nei valori normali di riferimento. In altri termini **non** c'è equilibrio economico.

= **SPERANZA**, se prevalgono gli indici che rientrano nei valori normali di riferimento. In altri termini c'è equilibrio economico.

= **SICUREZZA**, se prevalgono gli indici che rientrano nei valori normali di riferimento. In altri termini c'è equilibrio finanziario.

= **ATTENZIONE**, se prevalgono gli indici che **non** rientrano nei valori normali di riferimento. In altri termini **non** c'è equilibrio finanziario.

= **RIMORSO**, se prevalgono gli indici che **non** rientrano nei valori normali di riferimento. In altri termini **non** c'è equilibrio patrimoniale.

= **GIOIA**, se prevalgono gli indici che rientrano nei valori normali di riferimento. In altri termini c'è equilibrio patrimoniale.

Inoltre, il lettore può utilizzare, per la sua prima analisi di bilancio, il file in Excel che troverà nell'area download del sito http://www.corsiecolori.com/ .

RIEPILOGO DEL GIORNO 10:

- SEGRETO n. 46: Gli indici di redditività, finanziari ecc. devono essere analizzati per almeno tre esercizi, con aziende dello stesso settore e infine trovare i collegamenti tra loro.

- SEGRETO n. 47: Il ROE (radice principale) è la sintesi del risultato degli altri indici. Chi effettua l'analisi del bilancio dovrà scomporlo e capire i suoi collegamenti.

- SEGRETO n. 48: Il ROE si può scomporre nell'I.G.N.C, il ROI e il Leverage (radice di secondo ordine). In altri termini, moltiplicando l'importo dei predetti indici si ottiene il ROE.

- SEGRETO n. 49: Se il ROI aumenta anche il ROE aumenta (n.b. il ROI deve essere maggiore del ROD). Viceversa in caso contrario.

- SEGRETO n. 50: Se l'I.G.N.C. è minore di 100, c'è un'incidenza negativa, quindi se I.G.N.C aumenta dall'anno N all'anno N+1 il ROE diminuisce. Viceversa in caso contrario.

Conclusione

Bene, siamo giunti alla fine della visita guidata (o corso) nello splendido mondo dell'analisi di bilancio. Sono gratificato e orgoglioso di aver condiviso con voi il progetto dell'amministrazione aziendale a colori. Se avete compilato i quiz relativi a ciascun capitolo alla fine dell'ebook, siete in grado di attribuirvi un'autovalutazione in centesimi. Quindi, potete avere un quadro dettagliato di tutte le competenze che avete acquisito. Come in tutte le materie, per prendere dimestichezza con gli argomenti che abbiamo trattato, occorre una giusta combinazione tra la teoria e la pratica.

«Quelli che s'innamorano di pratica senza scienza son come il nocchiere, che entra in naviglio senza timone o bussola, che mai ha certezza su dove si vada» *(Leonardo da Vinci)*.

Durante il percorso formativo avete acquisito la capacità di rielaborare il conto economico e lo stato patrimoniale, calcolare gli indici e rappresentare le informazioni ottenute. Le predette competenze permettono di ottenere preziose informazioni ai soci, al management, ai funzionari delle banche ecc. L'analisi di bilancio per indici è il primo passo, quelli successivi sono l'analisi per flussi, il calcolo del rating creditizio ecc. L'obiettivo finale è quello di arrivare a un giudizio sempre più approfondito sull'equilibrio economico, finanziario e patrimoniale dell'azienda. Niente paura! Con un po' d'ottimismo, esercizio, competenza e passione l'analisi di bilancio diventerà, anche per te, familiare.

Tutti gli indici di redditività sono sintetizzati in uno (il ROE), un metodo (l'**ABC**) per apprenderli tutti. Inoltre, il predetto procedimento si può utilizzare anche per gli altri indici.

In conclusione, se vuoi imparare l'analisi di bilancio per indici a colori, con l'**A**ccounting **B**alance sheet P&L **C**olors ® il tuo obiettivo si può realizzare.

Un colorato saluto e buon lavoro!

Quiz e tabelle

In questo corso il lettore, alla fine di ogni capitolo, può verificare il suo livello di apprendimento con i quiz allegati.

Più precisamente si dovranno annotare nella **"Tabella n. 5"** le soluzioni scelte e i punti assegnati (un punto a ogni soluzione esatta ☺, in caso contrario zero punti ☹). Il totale della riga potrà essere minore di sei, ovvero grado di apprendimento insufficiente; tra il sei e il sette, ovvero grado di apprendimento tra sufficiente e discreto; tra il sette e l'otto, ovvero grado di apprendimento tra discreto e buono; tra l'otto e il dieci, ovvero grado di apprendimento tra buono e ottimo.

Il totale complessivo di tutti i quiz potrà essere minore di sessanta, ovvero grado di apprendimento insufficiente; tra sessanta e settanta, ovvero grado di apprendimento tra sufficiente e discreto; tra settanta e ottanta, ovvero grado di apprendimento tra discreto e buono; tra ottanta e cento, ovvero grado di apprendimento tra buono e ottimo.

Le soluzioni corrette il lettore le troverà nella **"Tabella n. 6 soluzioni esatte."**

Capitolo 1 - 1° Quiz (Come attribuire i colori all'analisi del bilancio)

A – Cos'è l'analisi del bilancio d'esercizio?
1) È un processo che, con una nuova classificazione solo dello stato patrimoniale, permette all'analista di esprimere un giudizio sull'equilibrio patrimoniale e finanziario dell'azienda presa in esame;
2) E un processo che, con una nuova classificazione del bilancio d'esercizio, permette all'analista di esprimere un giudizio sull'equilibrio economico, patrimoniale e finanziario dell'azienda presa in esame;
3) È un processo che, con una nuova classificazione solo del conto economico, permette all'analista di esprimere un giudizio sull'equilibrio economico dell'azienda presa in esame.

B – Cos'è l'equilibrio economico?
1) L'equilibrio economico consiste nel verificare la capacità o meno dell'azienda di remunerare i fornitori. Questo si verifica quando i ricavi sono maggiori dei costi e non rimane un utile da remunerare anche il capitale (ossia i soci).
2) L'equilibrio economico consiste nel verificare la capacità o meno dell'azienda di remunerare i dipendenti. Questo si verifica quando i costi sono maggiori dei ricavi.
3) L'equilibrio economico consiste nel verificare la capacità o meno dell'azienda di remunerare tutti i fattori produttivi. Questo si verifica quando i ricavi sono maggiori dei costi e rimane un utile tale da remunerare anche il capitale (ossia i soci).

C – Cos'è l'equilibrio finanziario?
1) L'equilibrio finanziario è la disposizione o meno dell'azienda a fronteggiare le uscite (acquisizione di fattori produttivi ecc.) con le entrate (cessione dei beni e prestazioni di servizi ecc.).
2) L'equilibrio finanziario è la disposizione o meno dell'azienda a fronteggiare solo i costi delle materie prime/merci con i ricavi dei prodotti finiti/merci;
3) L'equilibrio finanziario è la disposizione o meno dell'azienda a fronteggiare solo le richieste finanziarie della banca.

D - Cos'è l'equilibrio patrimoniale ?
1) L'equilibrio patrimoniale consiste nel conservare o sviluppare nell'azienda il patrimonio che, in linea generale, può essere sintetizzato dalla seguente equazione: attività = passività + patrimonio netto.

2) L'equilibrio patrimoniale consiste nel conservare nell'azienda il patrimonio che, in linea generale, può essere sintetizzato dalla seguente equazione: attività = passività -

patrimonio netto.

3) L'equilibrio patrimoniale consiste nel sviluppare nell'azienda il patrimonio che, in linea generale, può essere sintetizzato dalla seguente equazione: attività - passività + patrimonio netto.

E - Quali sono gli obiettivi dell'analisi del bilancio d'esercizio?

1) Gli obiettivi da raggiungere con l'analisi del bilancio d'esercizio sono prevalentemente di carattere patrimoniale ossia (equilibrio patrimoniale);

2) L'obiettivo da raggiungere con l'analisi del bilancio d'esercizio è, ad esempio, prestare attenzione alla remunerazione dei soci ossia la liquidità (equilibrio finanziario);

3) Gli obiettivi da raggiungere con l'analisi del bilancio d'esercizio sono molteplici, ad esempio, si presterà attenzione sulla redditività (equilibrio economico), la liquidità (equilibrio finanziario) e il patrimonio (equilibrio patrimoniale).

F - Cos'è un indice?

1) Con indice si intende la differenza fra i valori numerici di due grandezze (o dati). Indica in quale direzione si sta muovendo l'impresa rispetto al passato (analisi storica), al futuro (analisi prospettica) e ai nostri competitors (analisi di posizione);

2) Con indice si intende il rapporto fra i valori numerici di due grandezze (o dati), una al numeratore e una al denominatore. Indica in quale direzione si sta muovendo l'impresa rispetto al passato (analisi storica), al futuro (analisi prospettica) e ai nostri competitors (analisi di posizione);

3) Con indice si intende il rapporto fra i valori numerici di due grandezze. Indica in quale direzione si sta muovendo l'impresa solo rispetto ai nostri competitors (analisi di posizione).

G - Come è riclassificato lo stato patrimoniale?

1) Lo stato patrimoniale è riclassificato secondo il criterio dei costi, dei ricavi e delle rimanenze;

2) Lo stato patrimoniale è riclassificato secondo il criterio finanziario (impieghi e fonti di finanziamento);

3) Lo stato patrimoniale è riclassificato secondo il principio della competenza.

H - Come può essere riclassificato il conto economico a Valore aggiunto?

1) Il conto economico può essere riclassificato, ad esempio, a Valore aggiunto. Più precisamente Valore della produzione, Valore aggiunto, Margine operativo ecc.;

2) Il conto economico può essere riclassificato, ad esempio, a Valore aggiunto. Più precisamente Valore della produzione, costi produzione, Proventi e oneri finanziari ecc.;

3) Il conto economico può essere riclassificato, ad esempio, a Ricavi e costo del venduto. Più precisamente troviamo il Valore della produzione, il Valore aggiunto, il Margine operativo ecc.

I - Come può essere riclassificato il conto economico a Ricavi e costo del venduto?
1) Il conto economico può essere riclassificato ad esempio a Ricavi e costi del venduto. Più precisamente troviamo i Ricavi di vendita, valore aggiunto, il margine lordo industriale ecc.;
2) Il conto economico può essere riclassificato ad esempio a Ricavi e costi del venduto. Più precisamente troviamo i Ricavi e i costi classificati per natura ecc.;
3) Il conto economico può essere riclassificato ad esempio a Ricavi e costi del venduto. Più precisamente troviamo i Ricavi di vendita, il costo del venduto, il margine lordo industriale ecc.

L - Quali colori si possono utilizzare nell'analisi del bilancio d'esercizio?
1) Solo i colori primari (giallo, rosso, blu);
2) Solo i colori secondari (arancio, viola, verde);
3) I colori primari e secondari (giallo, rosso, blu, arancio, viola, verde).

Capitolo 2 - 2° Quiz (Come riclassificare il conto economico a valore aggiunto)

A - Il conto economico a valore aggiunto come classifica i conti?
1) Il conto economico a valore aggiunto classifica i conti per natura, ossia in base alla causa che ha determinato il costo (es. merci c/acquisti) o il ricavo (es. merci c/vendite);
2) Il conto economico a valore aggiunto classifica i conti per destinazione, ossia in base alla causa che ha determinato il costo (es. merci c/acquisti) o il ricavo (es. merci c/vendite);
3) Il conto economico a valore aggiunto classifica i conti per natura, ossia in base alla causa che ha determinato il costo (es. merci c/vendite) o il ricavo (es. merci c/acquisti);.

B - Cos'è il valore della produzione?
1) Il valore della produzione è la produttività dell'azienda. In altri termini è la ricchezza;
2) Il valore della produzione è il risultato del rapporto tra output e input;
3) Il valore della produzione è il risultato dell'attività produttiva dell'azienda (es. della trasformazione delle materie prime in prodotti finiti). In altri termini è la **ricchezza** prodotta (o capacità produttiva)..

C - Come si ottiene il valore aggiunto?
1) Il valore aggiunto si ottiene dalla differenza tra il valore della produzione e i beni e servizi provenienti dalle altre imprese, che sono consumati nel periodo preso in esame;
2) Il valore aggiunto si ottiene dalla somma tra il valore della produzione e i beni e servizi provenienti dalle altre imprese, che sono consumati nel periodo preso in esame;
3) Il valore aggiunto si ottiene dalla differenza tra il valore della produzione e gli ammortamenti dei beni strumentali.

D - Come si ottiene il margine operativo lordo (MOL)?
1) Il margine operativo lordo (MOL), si ottiene dalla somma tra il Valore Aggiunto e i costi del personale;
2) Il margine operativo lordo (MOL), si ottiene dalla differenza tra il Valore Aggiunto e i costi del personale;
3) Il margine operativo lordo (MOL), si ottiene dalla differenza tra il Valore della produzione e i costi del personale;

E - Perché è importante il reddito operativo o EBIT?
1) È importante perché mostra il risultato della gestione caratteristica, finanziaria e straordinaria;
2) È importante perché mostra il risultato della gestione caratteristica (o tipica, operativa ossia il core business;
3) È importante perché mostra il risultato della gestione accessoria;

F - Il bilancio civilistico previsto dal c.c. art 2425 soddisfa le esigenze dell'analista?
1) Sì;
2) Qualche volta;
3) No.

G - Cosa comprende la gestione finanziaria?
1) La gestione finanziaria comprende gli oneri e i proventi derivanti dalle scelte aziendali rivolte a reperire e/o ad impiegare le risorse finanziarie dell'impresa;
2) La gestione finanziaria comprende gli oneri e i proventi derivanti dalle scelte aziendali rivolte a reperire e/o ad impiegare le immobilizzazioni dell'impresa;
3) La gestione finanziaria comprende gli oneri derivanti dalle scelte aziendali rivolte a reperire e/o ad impiegare i dipendenti dell'impresa;

H - Cosa accoglie la gestione accessoria?
1) Il risultato della gestione accessoria accoglie i fatti della gestione che rientrano nell'attività tipica dell'impresa. Ma che fanno parte della gestione ordinaria a discrezione di chi predispone l'analisi del bilancio d'esercizio;
2) Il risultato della gestione accessoria accoglie i fatti della gestione che non rientrano nell'attività tipica dell'impresa. Più precisamente tutte le operazioni che fanno parte della gestione ordinaria ma che non rientrano nella gestione caratteristica e in quella finanziaria;
3) La gestione accessoria comprende fatti di gestione estranei all'attività dell'impresa.

I - Cosa include la gestione straordinaria?
1) Il risultato della gestione straordinaria include tutti quei fatti di gestione come ad esempio merci c/acquisti, merci c/vendite che per motivi straordinari hanno avuto dei problemi nella fase di commercializzazione;
2) Il risultato della gestione straordinaria include tutti quei fatti di gestione attinenti alla dismissione dei beni strumentali ad esempio nella vendita dei macchinari;
3) Il risultato della gestione straordinaria include tutti quei fatti di gestione estranei all'attività ordinaria.

L – Dalla configurazione a valore aggiunto quali informazioni posso ottenere?
1) Come il valore aggiunto è distribuito tra vari stakeholders (ad esempio, i soci, lo stato, i finanziatori, i dipendenti ecc.);
2) Riguardanti le varie funzioni aziendali (produttiva, commerciale ecc.);
3) Come si è originato il risultato economico.

Capitolo 3 - 3° Quiz (Come riclassificare il conto economico a costo del venduto)

A - Nella configurazione a ricavi e costo del venduto come sono classificati i costi?
1) In base agli obiettivi che si prefigge il controller, ossia per natura;
2) In base alla funzione produttiva, commerciale e amministrativa, ossia per natura.
3) In base alla funzione produttiva, commerciale e amministrativa, ossia per destinazione.

B - Con la configurazione a ricavi e costo del venduto cosa riesco a capire?
1) Come contribuiscono le gestioni (caratteristica, finanziaria ecc.) e le funzioni (produttiva, commerciale, amministrativa ecc.) alla formazione del risultato economico;
2) Come il risultato economico è distribuito tra vari stakeholders (ad esempio, i soci, lo stato, i finanziatori, i dipendenti ecc.);
3) Quanti prodotti finiti e/o merci ho venduto.

C - Cosa includono i ricavi netti di vendita?
1) Le plusvalenze ottenute dalla vendite dei prodotti finiti e/o merci;
2) I ricavi netti includono il valore venduto dei prodotti finiti, delle merci ecc. al netto dei eventuali resi, ribassi, abbuoni e premi. In altri termini è il fatturato (ossia la capacità commerciale).
3) I ricavi netti includono il valore invenduto dei prodotti finiti e delle merci. In altri termini è il fatturato che si prevede di realizzare.

D - Come si ottiene il costo del venduto?
1) Dalla somma algebrica delle esistenze iniziali - acquisti + costi industriali - costi patrimonializzati per lavori interni;
2) Dalla somma algebrica delle esistenze iniziali + acquisti + costi industriali - costi patrimonializzati per lavori interni;
3) Dalla somma algebrica delle esistenze iniziali + acquisti + costi industriali + costi patrimonializzati per lavori interni;

E - Cos'è il costo del venduto?
1) È il costo sostenuto per i prodotti finiti che l'impresa ha venduto;
2) È il ricavo sostenuto per i prodotti finiti che ho venduto;
3) È la percentuale di ricarico sui prodotti venduti.

F - Come si ottiene il margine lordo industriale?
1) Si ottiene dalla differenza tra ricavi netti di vendita e costi industriali;
2) Si ottiene dalla somma tra ricavi di vendita e valore aggiunto ;
3) Si ottiene dalla differenza tra ricavi netti di vendita e costo del venduto.

G - Cosa rientrano nei costi commerciali?
1) Tutte le spese attinenti all'attività di vendita (ad esempio, ammortamenti immobilizzazioni locali adibiti alla produzione, automezzi utilizzati dagli impiegati ecc.);
2) Tutte le spese attinenti all'attività di vendita (ad esempio, ammortamenti immobilizzazioni locali adibiti alla vendita, automezzi utilizzati dai venditori ecc.);
3) Tutte le spese classificate per natura e ineranti all'attività, ossia rientranti nell'oggetto sociale.

H - Cosa sono compresi nei costi amministrativi?
1) Tutte le spese attinenti all'attività amministrativa (ad esempio, ammortamenti immobilizzazioni locali, computer, arredamenti, salari e contributi degli impiegati ecc.);
2) Le spese attinenti all'attività amministrativa, esempio ammortamenti dei locali, computer, arredamenti, salari e contributi degli addetti alla vendita;
3) Tutti i costi variabili.

I - Perché si percentualizza il conto economico a ricavi e costo del venduto?
1) Perché è richiesto dalla normativa civilistica (si veda la nota integrativa);
2) Perché lo richiedono le banche per il rinnovo dei fidi/finanziamenti;
3) Per capire come contribuiscono le gestioni (caratteristica, finanziaria ecc.) e le funzioni (produttiva, commerciale, amministrativa ecc.) alla formazione del risultato economico.

L - Chi ha le informazioni per utilizzare la configurazione a ricavi e costi del venduto?
1) Il personale interno all'azienda, quindi è utilizzabile solo dall'analista interno;
2) Il personale esterno all'azienda, ad esempio, l'analista di una banca;
3) Gli analisti interni e/o esterni, perché le informazioni sono contenute nel bilancio d'esercizio depositato presso il registro delle imprese.

Capitolo 4 - 4° Quiz (Come classificare il nuovo stato patrimoniale)

A - Lo stato patrimoniale previsto dal c.c. art. 2424 deve essere riclassificato secondo criteri finanziari?
1) Sì;
2) No;
3) Forse.

B - Come si classificano gli impieghi?
1) In base alla destinazione economica degli impieghi;
2) In base alla esigibilità;
3) In base alla liquidabilità.

C - Come si classificano le fonti?
1) In base alla liquidabilità;
2) In base alla esigibilità;
3) In base all'origine delle fonti di finanziamento.

D - Cosa indicano gli impieghi dello stato patrimoniale riclassificato?
1) Come impiegare nella produzione le materie prime;
2) Come è stato utilizzato il denaro nell'azienda (attivo corrente, attivo immobilizzato);
3) Come sono impiegati i dipendente nel processo produttivo dell'azienda.

E - Quali sottoclassi compongono l'attivo corrente?
1) Le disponibilità liquide, le disponibilità finanziarie e le rimanenze;
2) Le disponibilità liquide, le immobilizzazioni finanziarie e le rimanenze;
3) Le disponibilità liquide, le disponibilità finanziarie e le immobilizzazioni materiali.

F - Quali sottoclassi compongono l'attivo immobilizzato?
1) Le immobilizzazioni immateriali, le immobilizzazioni materiali e le rimanenze;
2) Le disponibilità liquide, le disponibilità finanziarie e le rimanenze;
3) Le immobilizzazioni immateriali, materiali e finanziarie.

G - Cosa indicano le fonti dello stato patrimoniale riclassificato?
1) La fonte da cui l'impresa si ispira per raggiungere uno stato patrimoniale armonico ed equilibrato;
2) **La sorgente da cui scaturisce il denaro per finanziare gli impieghi (debiti a breve scadenza, debiti a M/L scadenza e patrimonio netto);**
3) Come è stato utilizzato il denaro nell'azienda.

H - Quali voci compongono i debiti a breve scadenza?
1) Debiti verso banche, Debiti verso altri finanziatori, Debiti verso fornitori ecc.

2) Obbligazioni, Mutui passivi, Debiti verso altri finanziatori, Debiti verso banche ecc.
3) Capitale sociale, Riserve, Utile d'esercizio, Perdita d'esercizio ecc.

I - Quali voci compongono i debiti a M/L scadenza?
1) Banca x c/c, denaro in cassa, c/c postali, assegni ecc.;
2) Capitale sociale, Riserve, Utile d'esercizio, Perdita d'esercizio;
3) Obbligazioni, Mutui passivi, Debiti verso altri finanziatori, Debiti verso banche ecc.

L - Quali voci compongono il patrimonio netto?
1) Obbligazioni, Mutui passivi, Debiti verso altri finanziatori, Debiti verso banche ecc.;
2) Capitale sociale, Riserve, Utile d'esercizio, Perdita d'esercizio ecc.;
3) Fabbricati, Impianti e macchinario, Attrezzature industriali e commerciali ecc.

Capitolo 5 - 5° Quiz (Come capire gli indici di redditività)

A - Quali sono gli indici della redditività?
1) Sono il ROE, il ROS, il current ratio, il Leverage, l'I.G.N.C.;
2) Sono il ROE, il ROS, la Rotazione degli impieghi, il Leverage, l'I.G.N.C.;
3) Sono il ROE, il ROS, la Rotazione degli impieghi, l'indice di indebitamento.

B - Come si ottiene il ROE?
1) Dal rapporto tra l'utile netto dell'esercizio e il totale delle fonti *100;
2) Dal rapporto tra i debiti a breve termine e il capitale proprio (capitale sociale + riserve) *100;
3) Dal rapporto tra l'utile netto dell'esercizio e il capitale proprio (capitale sociale + riserve) *100.

C - Cosa segnala il ROE?
1) Questo indice segnala la capacità o meno dell'azienda di remunerare le banche, più precisamente il capitale di terzi;
2) Questo indice segnala la capacità o meno dell'azienda di remunerare i soci che portano il capitale di rischio;
3) Questo indice segnala la capacità o meno dell'azienda di remunerare gli impieghi.

D - Cosa segnala il ROD?
1) Questo indice segnala quanto mi è costato il denaro che ho ottenuto dai terzi (ossia dai finanziamenti espliciti);
2) Questo indice segnala quanto mi è costato il denaro che ho ottenuto dai soci;
3) Questo indice segnala quanto mi sono costati gli impieghi.

E - Cosa segnala il ROI?
1) Questo indice segnale la redditività di tutte le fonti;
2) Questo indice segnale la redditività di tutti gli impieghi (o redditività del capitale investito);
3) Questo indice segnale la redditività del capitale proprio.

F - Cosa segnala il ROS?
1) Questo indice segnala la redditività media delle vendite di un'impresa. In altri termini il margine di reddito operativo;
2) Questo indice segnala la redditività media unitaria degli acquisti di un'impresa. In altri termini il margine di reddito operativo;
3) Questo indice segnala la redditività media unitaria delle rimanenze di un'impresa. In altri termini il risultato economico della gestione ordinaria.

G - Cosa segnala la rotazione degli impieghi?

1) Segnala il numero di volte in cui gli impieghi ritornano in forma liquida, nel periodo preso in esame, a seguito dei costi sostenuti per gli acquisti di materie prime;
2) Segnala il numero di volte in cui i debiti a M/L ritornano in forma liquida, nel periodo preso in esame, a seguito delle richieste di rientro delle banche;
3) Segnala il numero di volte in cui gli impieghi ritornano in forma liquida, nel periodo preso in esame, a seguito dei ricavi conseguiti dalle vendite.

H - Cosa segnala il leverage?
1) Segnala come l'impresa finanzia gli impieghi, più precisamente se utilizza il capitale di debito (ossia i finanziamenti) o il capitale proprio;
2) Segnala come l'impresa finanzia le immobilizzazioni, più precisamente se c'è equilibrio finanziario tra immobilizzazioni e debiti a breve termine;
3) Segnala come l'impresa finanzia l'attivo corrente, più precisamente se c'è equilibrio finanziario tra attivo corrente e debiti a M/L termine.

I - Come si ottiene l'I.G.N.C. ?
1) L'incidenza della gestione non caratteristica (IGNC) si ottiene dal rapporto tra "reddito operativo" e "totale impieghi" * 100;
2) L'incidenza della gestione non caratteristica (IGNC) si ottiene dal rapporto tra "utile netto dell'esercizio" e "reddito operativo" * 100;
3) L'incidenza della gestione non caratteristica (IGNC) si ottiene dal rapporto tra "utile netto dell'esercizio" e "capitale proprio" * 100.

L - Cosa segnala l'I.G.N.C.?
1) Segnala il peso di tutte le gestioni (caratteristica e non caratteristica);
2) Segnala il peso delle gestione caratteristica;
3) Segnala il peso delle gestioni non caratteristiche (finanziaria, accessoria, straordinaria e fiscale) sul risultato economico dell'esercizio. In altri termini se ha influenzato il reddito dell'esercizio positivamente o negativamente.

Capitolo 6 - 6° Quiz (Come comprendere gli indici di produttività)

A - Come si ottiene la produttività?
1) La produttività economica si ottiene dalla differenza tra output ottenuto e le risorse impiegate per ottenerlo;
2) La produttività economica si ottiene dal rapporto tra output ottenuto e le risorse impiegate per ottenerlo;
3) La produttività economica sono i beni ottenuti dalla trasformazione delle materie prime in prodotti finiti.

B - Cosa misura la produttività?
1) L'efficienza dell'impiego dei fattori produttivi (es. del lavoro);
2) L'efficienza dell'impiego dei fattori produttivi, ad esempio, il capitale ottenuto (debiti a breve termine, debiti a M/L) e il lavoro);;
3) L'efficienza dell'impiego solo del capitale proprio.

C - Come deve essere confrontata la produttività?
1) Non deve essere confrontata perché di scarsa utilità;
2) Deve essere confrontata con il rendimento dei titoli pubblici (bot, c.c.t. ecc.);
3) Deve essere confrontata nel tempo (ossia per più anni) e nello spazio (ossia con aziende dello stesso settore).

D - Qual è l'obiettivo della produttività?
1) L'analisi della produttività non ha un obiettivo preciso, più precisamente viene valutato di volta in volta dai dipendenti;
2) L'analisi della produttività ha come obiettivo quello di ottenere il risultato economico positivo, il quale aumenta all'aumentare della produttività (viceversa in caso contrario);
3) L'analisi della produttività ha come unico obiettivo quello di ottenere il maggior numero di prodotti finiti (anche se poi non si vendono).

E - Cosa segnala la produttività del lavoro che si ottenere dal rapporto tra "ricavi netti di vendita" e "numero medio dei dipendenti"?
1) Che ogni dipendente genera mediamente nell'anno preso in esame un determinato ricavo di vendita (o ricavo pro capite);
2) Che ogni dipendente genera mediamente nell'anno preso in esame un determinato costo del personale (o costo pro capite);
3) Che la produttività del lavoro genera l'assunzione di nuovi dipendenti.

F - Cosa segnala la produttività del lavoro che si ottiene dal rapporto tra "valore aggiunto" e "numero medio dei dipendenti"?
1) Che ogni dipendente genera nell'anno preso in esame mediamente un determinato

costo del personale (o costo pro capite);
2) Che ogni dipendente genera nell'anno preso in esame mediamente un determinato valore della produzione (o valore della produzione pro capite);
3) Che ogni dipendente genera nell'anno preso in esame mediamente un determinato valore aggiunto (o valore aggiunto pro capite).

G - Cosa segnala l'indice composto dal rapporto tra "costo del personale dipendente" e "numero medio dei dipendenti"?
1)) Che ogni dipendente genera mediamente un determinato ricavo netto di vendita (o ricavo medio del lavoro per ogni dipendente);
2) Che ogni dipendente genera mediamente un determinato costo del personale (o costo medio del lavoro per ogni dipendente);
3)) Che ogni dipendente genera mediamente un determinato valore aggiunto (o valore aggiunto medio del lavoro per ogni dipendente);.

H - Cosa segnala se il rapporto tra "costo del personale dipendente" e "ricavi netti di vendita" diminuisce dall'anno N all'anno N+1?

1) Che non va bene;
2) Che va bene;
3) Segnala il costo medio dei lavoratori dipendenti.

I - Cosa segnala se il rapporto tra "costo del personale dipendente" e "ricavi netti di vendita" aumenta dall'anno N all'anno N+1?
1) Che non va bene ;
2) Che il capitale è investito nell'impresa in modo ottimale;
3) Che i lavoratori sono efficienti nel loro lavoro.

L - Cosa segnala se il rapporto tra "costo del personale dipendente" e "valore aggiunto" aumenta dall'anno N all'anno N+1?
1) Che i fattori produttivi devono sono stati utilizzati bene;
2) Che ci sono dei problemi, ma non è il caso di preoccuparsi;
3) Che è in pericolo la competitività dell'impresa.

Capitolo 7 - 7° Quiz (Come interpretare gli indici finanziari)

A - Quali sono gli indici finanziari?
1) Sono il current ratio, l'acid test ratio, l'indice di rotazione delle rimanenze ecc.;
2) Sono il ROE, il ROS, il current ratio, il Leverage, l'I.G.N.C.;
3) Sono l'indice di elasticità degli impieghi, il ROE, il current ratio, il Leverage.

B - Come si ottiene l'indice finanziario current ratio?
1) Il current ratio si ottiene dal rapporto tra l'attivo corrente e i debiti a M/L scadenza;
2) Il current ratio si ottiene dal rapporto tra l'attivo immobilizzato e i debiti a breve scadenza;
3) Il current ratio si ottiene dal rapporto tra l'attivo corrente e i debiti a breve scadenza.

C - Cosa segnala l'indice finanziario current ratio?
1) Segnala se l'attivo corrente è in grado di coprire o meno i debiti a M/L termine;
2) Segnala se l'attivo corrente è in grado di coprire o meno i debiti a breve scadenza;
3) Segnala se l'attivo corrente è in grado di coprire o meno il patrimonio netto.

D - Come si ottiene l'acid test?
1) L'acid test si ottiene dal rapporto tra "disponibilità finanziarie + disponibilità liquide + rimanenze e i debiti a breve scadenza";
2) L'acid test si ottiene dal rapporto tra "disponibilità finanziarie + disponibilità liquide e i debiti a breve scadenza";
3) L'acid test si ottiene dal rapporto tra "disponibilità finanziarie + disponibilità liquide e i debiti a M/L scadenza".

E - Cosa segnala l'acid test?
1) Segnala se le disponibilità finanziarie, le disponibilità liquide sono in grado di coprire o meno i debiti a breve scadenza;
2) Segnala se le disponibilità finanziarie, le disponibilità liquide, le immobilizzazioni sono in grado di coprire o meno i debiti a breve scadenza;
3) Segnala se le disponibilità finanziarie, le disponibilità liquide, le rimanenze sono in grado di coprire o meno i debiti a breve scadenza + debiti a M/L termine.

F - Come si ottiene l'indice relativo alla copertura delle immobilizzazioni con il capitale permanente?
1) Si ottiene dal rapporto tra il "debiti a breve termine" e le "immobilizzazioni";
2) Si ottiene dal rapporto tra il "capitale permanente" e "l'attivo corrente";
3) Si ottiene dal rapporto tra il "capitale permanente" e le "immobilizzazioni".

G - Cosa segnala l'indice di copertura delle immobilizzazioni con il capitale permanente?

1) Segnala in che misura il capitale permanente è stato utilizzato per coprire le immobilizzazioni;
2) Segnala in che misura il capitale permanente è stato utilizzato per coprire il patrimonio netto;
3) Segnala in che misura il capitale permanente è stato utilizzato per coprire l'attivo corrente.

H - Cosa segnala l'indice di rotazione delle rimanenze?
1) Segnala il numero di volte in cui le rimanenze ritornano in forma liquida, nel periodo preso in esame, a seguito della valutazione (lifo e/o fifo) costi, ricavi e rimanenze;
2) Segnala il numero di volte in cui le rimanenze ritornano in forma liquida, nel periodo preso in esame, a seguito dei ricavi conseguiti dalle vendite;
3) Segnala il numero di volte in cui le rimanenze ritorneranno in forma liquida, nel periodo N+1 (ossia l'anno successivo), a seguito dei ricavi.

I - Come si ottiene l'indice dei giorni di giacenza media del magazzino?
1) L'indice dei giorni di giacenza media del magazzino si ottiene dal rapporto tra "rimanenze" e "ricavi delle vendite";
2) L'indice dei giorni di giacenza media del magazzino si ottiene dal rapporto tra "rimanenze" e "merci c/acquisti";
3) L'indice dei giorni di giacenza media del magazzino si ottiene dal rapporto tra "rimanenze" e "rimanenze iniziali + ricavi delle vendite";.

L - Come si ottiene l'indice di dilazione media sugli acquisti?
1) L'indice di dilazione media sugli acquisti si ottiene dal rapporto tra "debiti verso i fornitori" e "acquisti + IVA+ vendite + IVA";
2) L'indice di dilazione media sugli acquisti si ottiene dal rapporto tra "crediti verso clienti" e "acquisti + IVA";
3) L'indice di dilazione media sugli acquisti si ottiene dal rapporto tra "debiti verso i fornitori" e "acquisti + IVA".

Capitolo 8 - 8° Quiz (Come apprendere gli indici patrimoniali)

A - Quali delle seguenti equazioni sintetizza il patrimonio?
1) attività - passività - patrimonio netto = 1;
2) attività + passività = patrimonio netto;
3) attività = passività + patrimonio netto.

B - Come si ottiene l'elasticità degli impieghi?
1) Dal rapporto tra l'attivo corrente e il totale impieghi * 100;
2) Dal rapporto tra l'attivo corrente e il totale capitale permanente * 100;
3) Dal rapporto tra l'attivo corrente e il debiti a breve termine * 100.

C - Cosa segnala l'elasticità degli impieghi?
1) Che più il valore si allontana da 100, maggiore è l'elasticità. Infatti, l'azienda si adatta al mutare delle decisioni dei finanziatori;
2) Che più il valore si avvicina a 100, maggiore è l'elasticità che è la capacità di adattarsi dell'azienda al mutare delle circostanze dell'ambiente dove opera;
3) Che più il valore si avvicina a 100, maggiore è la rigida che è la capacità di adattarsi dell'azienda al mutare delle esigenze dei clienti/fornitori.

D - Come si ottiene l'indice della rigidità degli impieghi?
1) Si ottiene dal rapporto tra le "immobilizzazioni" e il "totale impieghi" * 100;
2) Si ottiene dal rapporto tra "l'attivo corrente" e il "totale impieghi" * 100;
3) Si ottiene dal rapporto tra le "immobilizzazioni" e il "capitale permanente" * 100.

E - Cosa segnala l'indice della rigidità degli impieghi?
1) Che più il valore si avvicina allo zero, maggiore è la rigidità. È il caso di imprese mercantile;
2) Che più il valore si allontana da 100, maggiore è la rigidità che è intesa come adattabilità dell'impresa ai mutamenti (es. è il caso di imprese di servizi) delle condizioni di mercato;
3) Che più il valore si avvicina a 100, maggiore è la rigidità che è intesa come scarsa, lenta, difficile adattabilità dell'impresa ai mutamenti (es. è il caso di imprese industriali) delle condizioni di mercato.

F - Come si ottiene l'indice dell'incidenza dei debiti a breve scadenza?
1) Si ottiene dal rapporto tra i "debiti a breve scadenza" e il "totale impieghi" * 100;
2) Si ottiene dal rapporto tra i "debiti a breve scadenza" e il "capitale proprio" * 100;
3) Si ottiene dal rapporto tra i "debiti a breve scadenza" e il "immobilizzazioni" * 100.

G - Cosa segnala l'indice dell'incidenza dei debiti a breve scadenza?

1) Il peso dei debiti a breve termine sul capitale proprio;
2) Il peso dei debiti a breve termine sul totale impieghi;
3) Il peso dei debiti a breve termine sui debiti a M/L termine.

H - Come si ottiene l'indice dell'incidenza dei debiti a M/L termine?
1) Si ottiene dal rapporto tra i "debiti a media e lunga scadenza" e "l'attivo corrente" * 100;
2) Si ottiene dal rapporto tra i "debiti a media e lunga scadenza" e il "totale impieghi" * 100;
3) Si ottiene dal rapporto tra "l'attivo immobilizzato" e i "debiti a media e lunga scadenza" * 100;.

I - Come si ottiene l'indice di indebitamento?
1) Si ottiene dal rapporto tra il "capitale di debito (composto dai Debiti a breve scadenza + i Debiti a M/L scadenza)" e "attivo corrente";
2) Si ottiene dal rapporto tra il "capitale di debito (composto dai Debiti a breve scadenza - attivo corrente)" e il "capitale proprio";
3) Si ottiene dal rapporto tra il "capitale di debito (composto dai Debiti a breve scadenza + i Debiti a M/L scadenza)" e il "capitale proprio".

L - Cosa segnala l'indice di indebitamento?
1) Quanto è il capitale di debito (ossia i finanziamenti ottenuti dai terzi) ogni euro di capitale proprio;
2) Quanto è il capitale impiegato nell'impresa, ossia i debiti verso i fornitori;
3) Quanto è il capitale di debito (ossia i finanziamenti ottenuti dai soci) ogni euro di capitale circolante netto.

Capitolo 9 - 9° Quiz (Come utilizzare i margini)

A - Come si ottiene il margine?
1) Si ottiene dal rapporto tra almeno due elementi, esempio A / B;
2) Si ottiene per differenza tra almeno due aggregati, esempio B - A;
3) Si ottiene per differenza e/o somma tra almeno due aggregati, esempio A +/- B.

B - Quali sono i vantaggi quando si utilizza il metodo dei margini?
1) È un metodo abbastanza semplice e sintetico;
2) È un metodo preciso per determinare il prezzo dei vendita dei prodotti;
3) È un metodo semplice per determinare la redditività dell'zienda/prodotti.

C - I margini forniscono delle informazioni approfondite?
1) Solo a un analista esterno;
2) Sì;
3) No.

D - Qual è l'obiettivo dei margini?
1) È quello di valutare la remunerazione del capitale proprio;
2) È quello di valutare l'equilibrio finanziario e patrimoniale ecc.;
3) È quello di valutare la redditività del capitale investito.

E - Come si ottiene il margine di struttura?
1) Dalla differenza tra il "capitale permanente" e "attivo immobilizzato";
2) Dalla differenza tra il "capitale permanente" e "attivo corrente";
3) Dalla differenza tra il "capitale proprio" e "attivo immobilizzato".

F - Cosa segnala il margine di struttura?
1) Se il capitale permanente è in grado di coprire l'attivo corrente;
2) Se il capitale permanente è in grado di coprire l'attivo immobilizzato.
3) Se i debiti a M/L termine sono in grado di coprire l'attivo immobilizzato.

G - Come si ottiene il margine di tesoreria?
1) Dalla differenza tra le "(disponibilità liquide + disponibilità finanziarie)" e i "(debiti a breve scadenza + debiti a M/L termine)";
2) Dalla differenza tra le "(disponibilità liquide + disponibilità finanziarie +rimanenze)" e i "debiti a breve scadenza";
3) Dalla differenza tra le "(disponibilità liquide + disponibilità finanziarie)" e i "debiti a breve scadenza".

H - Cosa segnala il margine di tesoreria?
1) Se le disponibilità liquide, disponibilità finanziarie sono in grado di coprire o meno i

debiti a M/L termine;
2) Se le disponibilità liquide, disponibilità finanziarie e le rimanenze sono in grado di coprire o meno i debiti a breve scadenza;
3) Se le disponibilità liquide, disponibilità finanziarie sono in grado di coprire o meno i debiti a breve scadenza.

I - Come si ottiene il capitale circolante netto?
1) Dalla differenza tra l'Attivo corrente e i Debiti a breve scadenza;
2) Dalla differenza tra l'Attivo corrente e i Debiti a M/L scadenza;
3) Dalla differenza tra capitale permanente e i Debiti a breve scadenza.

L - Cosa segnala il capitale circolante netto?
1) Se il capitale dei soci circola correttamente, in altri termini come sono remunerati;
2) Se l'attivo corrente è in grado di coprire o meno i debiti a M/L termine;
3) Se l'attivo corrente è in grado di coprire o meno i debiti a breve scadenza.

Capitolo 10 - 10° Quiz (Come rappresentare i dati aziendali)

A - Come si analizzano i risultati degli indici di bilancio?
1) I vari indici di redditività ecc. devono essere analizzati per almeno tre esercizi (nel tempo), con aziende dello stesso settore (nello spazio) e infine trovare i collegamenti tra loro (ossia lettura a sistema degli indici);
2) I vari indici di redditività ecc. devono essere analizzati solo per un esercizio (per essere più rapidi) e con aziende di altri settori (per migliorare la competitività);
3) I vari indici di redditività ecc. possono essere interpretati singolarmente, perché non c'è nessun legame tra loro.

B - Come possono essere rappresentati gli indici?
1) Con la formula Modigliani - Miller: dove il ROE si ottiene dal prodotto del ROI per il ROD ecc.;
2) Con la formula Du Post: dove il ROE si ottiene dalla somma algebrica dell'I.G.N.C, del ROI, e del LEVERAGE ecc.;
3) Con la formula Du Pont: dove il ROE si ottiene dal prodotto dell'I.G.N.C, del ROI, e del LEVERAGE ecc.

C - Può essere utile all'analista scomporre, capire e spiegare i collegamenti del ROE?
1) No;
2) Sì;
3) Solo in casi eccezionali.

D - Come si può scomporre il ROE?
1) Gli elementi del ROE sono: l'I.G.N.C, il Current ratio, il LEVERAGE ecc.;
2) Gli elementi del ROE sono: l'I.G.N.C, il ROI, il LEVERAGE ecc.;
3) Gli elementi del ROE sono: l'acid test, il ROI, il LEVERAGE ecc.

E - Come si modifica il ROE se il ROI aumenta (a titolo esemplificativo ipotizziamo che l'I.G.N.C e il LEVERAGE rimangono invariati)?
1) Anche il ROE aumenta (n.b. il ROI deve essere maggiore del ROD);
2) Il ROE diminuisce (n.b. il ROI deve essere maggiore del ROD);;
3) Anche il ROE aumenta (n.b. il ROI deve essere in ogni caso minore del ROD).

F - Come si modifica il ROE se il LEVERAGE aumenta (a titolo esemplificativo ipotizziamo che l'I.G.N.C e il ROI rimangono invariati)?
1) Il ROE diminuisce;
2) Se il Leverage aumenta anche il ROE aumenta (n.b. il leverage non deve essere maggiore di 2);
3) Il ROE non si modifica in ogni caso.

G - Come si modifica il ROE se l'I.G.N.C aumenta (a titolo esemplificativo ipotizziamo che il LEVERAGE e il ROI rimangono invariati)?
1) Se I.G.N.C (minore di 100) aumenta dall'anno N all'anno N+1 (es. da 40% a 50%) il ROE non si modifica in ogni caso;
2) Se I.G.N.C (minore di 100) aumenta dall'anno N all'anno N+1 (es. da 10% a 30%) il ROE aumenta;
3) Se I.G.N.C (minore di 100) aumenta dall'anno N all'anno N+1 (es. da 30% a 40%) il ROE diminuisce.

H - Come si può scomporre il ROI?
1) Con il ROS e la ROTAZIONE IMPIEGHI, in altri termini moltiplicando il loro importo si ottiene il ROI;
2) Con il ROD e la ROTAZIONE IMPIEGHI, in altri termini la soomma del loro importo si ottiene il ROI;
3) Non si può scomporre il ROI.

I - Come si modifica il ROI se il ROS aumenta (a titolo esemplificativo ipotizziamo che l'indice di ROTAZIONE IMPIEGHI rimanga invariato)?
1) Il ROI diminuisce;
2) Il ROI aumenta;
3) Il ROI rimane uguale.

L - Come si modifica il ROI se l'indice di ROTAZIONE IMPIEGHI aumenta (a titolo esemplificativo ipotizziamo che l'indice ROS rimanga invariato)?
1) Il ROI aumenta;
2) Il ROI diminuisce;
3) Il ROI rimane uguale.

Tabella n. 1: Classificazione dei conti finanziari (a titolo esemplificativo).

CLASSIFICAZIONE

CLASSIFICAZIONE DEI CONTI FINANZIARI (BLU O ARANCIO)	(segue conti finanziari)
VALORI IN CASSA	•Erario c/ritenute da versare
•Denaro in cassa	•Debiti per Irap
•Assegni	•Personale c/retribuzioni
•Valori bollati	•Personale c/liquidazioni
	•Debiti per Tfr
CREDITI E DEBITI	•Fondo manutenzioni programmate
•Crediti v/clienti	•Fondo svalutazione crediti
•Cambiali attive	•Fondo rischi su crediti
•Cambiali allo sconto	•Fondo svalutazione brevetti industriali
•Cambiali all 'incasso	•Obbligazioni (debiti v/obbligazionisti)
•Fatture da emettere	•Debito v/socio xy per finanziamento
•Iva ns/credito	•Mutuo passivo
•Irap c/acconti	•Debito v/altri finanziatori
•C/c postali	•Clienti c/acconti
•Crediti v/soci per versamenti ancora dovuti	•Debiti v/controllate \collegate \controllanti
•Acconti a fornitori (immobilizzazioni immateriali)	•Debiti v/Enasarco
•Acconti a fornitori (immobilizzazioni materiali)	•Debiti tributari
•Crediti verso imprese controllate, collegate, controllanti, verso altri	•Banca x c/c
•Obbligazionisti c/sottoscrizioni	•Erario c/Iva
•Crediti v/Erario per ritenute d 'acconto	•Istituti previdenziali
•Erario c/credito Ires/Irap	
•Crediti per imposte anticipate	**RATEI, FONDI RISCHI E ONERI**
•Debiti v/fornitori	•Ratei attivi
•Cambiali passive	•Ratei passivi
•Fatture da ricevere	•Fondo accantonamento indennit à F.M.
•Iva ns/debito	•Fondi per imposte
	•Fondo manutenzioni programmate
	•Fondo responsabilit à civile
	•Fondo imposte differite

Tabella n. 2: Classificazione dei conti economici (a titolo esemplificativo):

CLASSIFICAZIONE

CONTI ECONOMICI   DI REDDITO:
(ROSSO O VERDE)
COSTI PLURIENNALI E RETTIFICHE,   RICAVI PL.
• Costi di impianto e di ampliamento
• Costi di ricerca di sviluppo e di pubblicit   à
• Diritti di brevetto industriale e diritti di utilizzazione delle opere dell   'ingegno
• Concessioni, licenze, marchi e diritti simili
• Avviamento
• Immobilizzazioni in corso (immateriali)
• Altre (immobilizzazioni immateriali)
• Terreni e fabbricati
• Impianti e macchinario
• Attrezzature industriali e commerciali
• Altri beni (immobilizzazioni materiali)
• Immobilizzazioni in corso (materiali)
• Disaggio su prestiti
• Fondo ammortamento …. (per ogni costo pluriennale)
• Aggio su prestiti

COSTI E RICAVI SOSPESI
• materie prime, sussidiarie e di consumo
• prodotti in corso di lavorazione e semilavorati
• lavori in corso su ordinazione
• prodotti finiti e merci
• Risconti attivi
• Partecipazioni in imprese controllate, collegate, controllanti e altre imprese
• Altre partecipazioni

(segue conti economici di reddito)
• Altri titoli (immobilizzazioni finanziarie)
• Azioni proprie
• Risconti passivi

COSTI E RICAVI D'ESERCIZIO
• Prodotti finiti c/esistenze iniziali
• Merci c/esistenze iniziali
• Merci c/acquisti
• Costi di trasporto
• Consulenze
• Manutenzioni e riparazioni
• Provvigioni passive
• Fitti passivi
• Canoni di leasing
• Salari e stipendi
• Oneri sociali
• Trattamento di fine rapporto
• Accantonamento indennit   à di F.M.
• Accantonamento a fondo imposte
• Accantonamento   manutenzioni programmate
• Ammortamenti …...............(per ogni costo pluriennale)
• Lavori in corso su ordinazione
• Minusvalenze ordinarie
• Sopravvenienze passive ordinarie
• Accantonamento per responsabilit   à civile
• Commissioni e spese bancarie
• Sopravvenienze passive straordinarie
• Imposte dell 'esercizio (Ires, Irap)

Tabella n. 3, classificazione dei conti economici (a titolo esemplificativo).

CLASSIFICAZIONE	
(segue conti economici di reddito) **COSTI E RICAVI D'ESERCIZIO** •Interessi passivi (tutti) •Svalutazione crediti •Svalutazione brevetti industriali •Svalutazione partecipazione •Prodotti c/vendite •Merci c/vendite •Rimborsi spese di vendita •Resi su acquisti •Ribassi e abbuoni attivi •Prodotti finiti c/rimanenze finali •Merci c/rimanenze finali •Lavori in corso c/rimanenze finali •Fitti attivi •Interessi attivi …. (tutti) •Plusvalenze •Sopravvenienze attive •Incrementi di immobilizzazioni per lavori interni •Proventi finanziari •Proventi da partecipazioni •Utile su cambi •Rivalutazione partecipazione •Sopravvenienze attive straordinarie	**CONTI ECONOMICI DI PATRIMONIO NETTO:** (VIOLA O) •Capitale sociale •Riserva sovrapprezzo azioni •Riserva di rivalutazione •Riserva legale •Riserva statutaria •Riserva azioni proprie in portafoglio •Riserva straordinaria •Utili a nuovo •Perdite a nuovo •Utile d'esercizio •Perdita d'esercizio

Tabella n. 4, regole di registrazione dei conti.

REGOLE DI REGISTRAZIONE DEI CONTI

	CONTI FINANZIARI	
1) colore variazione →	**VARIAZIONI BLU (VARIAZIONI FINANZIARIE ATTIVE)**	**VARIAZIONI ARANCIO (VARIAZIONI FINANZIARIE PASSIVE)**
2) sezione →	DARE	AVERE
3) perch é →	ENTRATE DI CASSA	USCITE DI CASSA
	AUMENTI DI CREDITI	DIMINUZIONE DI CREDITI
	DIMINUZIONE DI DEBITI	AUMENTI DI DEBITI

	CONTI ECONOMICI DI REDDITO	
1) colore variazione →	**VARIAZIONI ROSSE (VARIAZIONI ECONOMICHE NEGATIVE)**	**VARIAZIONI VERDI (VARIAZIONI ECONOMICHE POSITIVE)**
2) sezione →	DARE	AVERE
3) perch é →	COSTI	RICAVI
	RETTIFICHE DI RICAVI	RETTIFICHE DI COSTI

	CONTI ECONOMICI DI PATRIMONIO NETTO	
1) colore variazione →	**VARIAZIONI VIOLA (VARIAZIONI ECONOMICHE NEGATIVE)**	**VARIAZIONI GIALLE (VARIAZIONI ECONOMICHE POSITIVE)**
2) sezione →	DARE	AVERE
3) perch é →	DIMINUZIONE DI PATRIMONIO NETTO	AUMENTO DI PATRIMONIO NETTO

Tabella quiz n. 5, soluzioni scelte e punti.

QUIZ — AD OGNI SOLUZIONE ESATTA UN PUNTO - SOLUZIONE ERRATA ZERO PUNTI												
Giorni - N° quiz		A	B	C	D	E	F	G	H	I	L	PUNTI
Capitolo 1 - 1° quiz	soluzioni scelte											
	punti											0
Capitolo 2 - 2° quiz	soluzioni scelte											
	punti											0
Capitolo 3 - 3° quiz	soluzioni scelte											
	punti											0
Capitolo 4 - 4° quiz	soluzioni scelte											
	punti											0
Capitolo 5 - 5° quiz	soluzioni scelte											
	punti											0
Capitolo 6 - 6° quiz	soluzioni scelte											
	punti											0
Capitolo 7 - 7° quiz	soluzioni scelte											
	punti											0
Capitolo 8 - 8° quiz	soluzioni scelte											
	punti											0
Capitolo 9 - 9° quiz	soluzioni scelte											
	punti											0
Capitolo 10 - 10° quiz	soluzioni scelte											
	punti											0
										TOTALE COMPLESSIVO		0

Tabella quiz n. 6, soluzioni esatte ☺ .

	QUIZ — SOLUZIONI ESATTE									
Capitoli - N° quiz	A	B	C	D	E	F	G	H	I	L
Capitolo 1 - 1° quiz	2	3	1	1	3	2	2	1	3	3
Capitolo 2 - 2° quiz	1	3	1	2	2	3	1	2	3	1
Capitolo 3 - 3° quiz	3	1	2	2	1	3	2	1	3	1
Capitolo 4 - 4° quiz	1	3	2	2	1	3	2	1	3	2
Capitolo 5 - 5° quiz	2	3	2	1	2	1	3	1	2	3
Capitolo 6 - 6° quiz	2	1	3	2	1	3	2	2	1	3
Capitolo 7 - 7° quiz	1	3	2	2	1	3	1	2	1	3
Capitolo 8 - 8° quiz	3	1	2	1	3	1	2	2	3	1
Capitolo 9 - 9° quiz	2	1	3	2	1	2	3	2	1	3
Capitolo 10 - 10° quiz	1	3	2	2	1	2	3	1	2	1

Bibliografia e Sitografia

- Carlo Caramiello, F. Di Lazzaro, G. Fiori, Giuffrè, *Indici di bilancio*, 2003.

- Furio Bartoli, Franco Angeli, *Tecniche e strumenti per l'analisi economico finanziaria. Piani, programmi, modelli e indicatori economico-finanziari alla luce di Basilea 2,* Franco Angeli.

- Imerio Facchinetti, *Analisi di bilancio. Obiettivi, metodologie e procedure. Analisi per margini, indici e flussi,* Il Sole 24 Ore, 2008.

- Francesco Giunta, Michele Pisani, *Analisi di bilancio*, Apogeo Education, 2014.

- Umberto Bocchino, *Manuale di controllo di gestione*, Il Sole 24 Ore S.p.a. .

- Bruno Dei, Franco Chiti, Marco Parri, *Guida pratica al Controllo di gestione*, Il Sole 24 Ore.

- Giovanni Distefano, Mauro Benassi, *Analisi economica con excel*, Mondadori informatica.

- Giovanni Distefano, Mauro Benassi, *Analisi finanziaria con excel*, Mondadori informatica.

- Roberto Candiotto, *Analisi di bilancio con Excel*, Apogeo.

- Piero Mella, *Indici di bilancio*, Il Sole 24 Ore.

- Maria Silva Avi, *Bilancio riclassificato e analisi per indici*, Il Sole 24 Ore.

- Astolfi, Barale & Ricci, *Entriamo in azienda 3*, Tramontana, Milano.

- Johann Wolfgang Goethe, *La teoria dei colori*, Il Saggiatore, Milano 2008.

- Ruggero Sicurelli, *Colore ed emozioni*, sito www.arteit.it, 2009.

- Michel Pastoureau, *I colori del nostro tempo*, Adriano Salani Editore, Milano 2007.

- Michele Della Valle, *Il Bilancio a Colori*, Bruno Editore 2012.

- http://www.sxc.hu/, foto free della cascata delle Marmore.

- http://www.foto-gratis.org/foto-natura/foto-alberi-gratis-immagini-e-foto-di-alberi-free-tree-images-pics/, 30 Oct. 2005, North Rhine-Westphalia, Germany – Oak Tree in Autumn – Image by © Frank LukasseckCorbis

www.ingramcontent.com/pod-product-compliance
Lightning Source LLC
LaVergne TN
LVHW020333200726
843507LV00012B/2343